イト!
出版の製造者責任を考える

ヘイトスピーチと排外主義に加担しない
出版関係者の会◉編

ころから

この本を手にされた方へ

この本を手にされた方は、日頃から書店に通うことが比較的多いのではないかと推察いたします。

あるいは、「本なぞに期待はしていないから、その末路を見てやろう」という物見高い方かもしれませんが、それでもはなから本や書店に興味がなければ「期待しない」という発想すらないわけですから、いずれにしても書店や出版業界の行く末が「気になる」方が、本書を手にしてくださったのではないかと思います。

そんな方々にとって、いまの書店はどんな場所でしょうか？

未知の「知識」との出会いにドキドキする感じでしょうか？　世界の人々の暮らしや文化を伝える「物語」の奥深さにワクワクする感じがあるでしょうか？

お店の大小を問わず、書店がそんな場所であることは、いまも昔も同じ。一方で、「何だかイヤな感じがする」場所になっていることも、書店通いをされている人は、すでにお気づきでしょう。

「嫌韓本」や「嫌中本」と呼ばれる排外主義的な装いの本、あるいは偏狭なナショナリズム――村上春樹が言うところの「安酒の酔い」――に酔いしれた感じの「日本万歳本」が並んでいることに、えも言われぬ違和感を覚えておられる方が少なくないのではないでしょうか？

その問いかけを発しているのが、「ヘイトスピーチと排外主義に加担しない出版関係者の会」で、本書を刊行する「ころから」もメンバーの一員です。

出版業界で生計を立てる者が、その業界を否定的に語ることは、天に唾する行為ですし、偽善的との批判は甘んじて受けます。

しかし、日本社会で起こっているヘイトスピーチに対抗するのは日本社会に暮らす人であるべきで、それと同じく出版業界で起こっている「異常」に異議をとなえるのが出版業界の人間であることは、本来なら当然なはずです。

書店は、ある意味で公共の開かれた空間です。近所の商店街でも、大型のショッピングモールでも、年齢を問わず、だれが店内に入ってても怪しまれず、さらに商品を買わずとも、何の後ろめたさもない、そんなお店は書店をおいて他にないという意味において。

そんな場所に、「ヘイト本」と総称される書籍がだれの目にもとまる場所に並んでいる状況を憂えるだけでなく、さらに一歩だけ進んで、これ以上は「ヘイト本」が氾濫する状況に加担したくない有志――ヘイトスピーチと排外主義に加担しない出版関係者の会――によって、この本は編集されました。

会則もないグループですから、出版業界のありようについて、メンバーはそれぞれの考え方を持っています。しかし、販売店としての書店をスケープゴートにするのではなく、「製造者責任」として、メーカー（＝出版社）の責任が問われるべきだとの考えは一致しています。

■この本の構成について

この本の主な内容は、二〇一四年七月に行われたシンポジウム「『嫌中憎韓』本とヘイトスピーチ――出版物の『製造者責任』を考える」（ヘイトスピーチと排外主義に加担しない出版関係者の会、出版労連・出版の自由委員会の共催）にもとづいています。

第1章は、『九月、東京の路上で　1923年関東大震災ジェノサイドの残響』（ころから）の著者でフリーエディターの加藤直樹さんの講演がベースになっています。

九〇年前に東京とその近郊で起こった朝鮮人虐殺を描いた著者が、同書を執筆した理由や、出版業界における「ヘイト本」の現状を語ります。

第2章は、このシンポジウムに際して「ヘイトスピーチと排外主義に加担しない出版関係者の会」が行った書店員へのアンケートを再録しました。

一〇人ほどの書店員の声が書店業界の「総意」を示すわけではありません。しかし、店頭で「ヘイト本」を含むさまざまな本を取り扱い、またそれらを購入する人と向き合う人たちの率直な「声」は、とても貴重なものです。本書への掲載をご快諾いただいた書店員の皆さまには、この場を借りて謝意を表したいと思います。

第3章は、シンポジウムの後半で行われた参加者のディスカッションを再構成しました。

出版社だけでなく、書店員やライターなど、それぞれの立場から、現在にいたる過程やその未来について多様な意見を見ることができます。

以上のシンポジウムの内容に加えて、最後の第4章では、二人の識者から論評を寄せていただきました。

弁護士の立場から、表現の自由とヘイトスピーチ規制という、どうしても切り離せない問題について歴史的に解題くださった神原元さん。また、諸外国の事例をとりあげながら、「ヘイトスピーチ規制法」と「差別禁止法」の似て非なる法的アプローチを詳説くださった社会学者の明戸隆浩さん。

お二人に共通するのは、「思考停止すべきでない」という心からの叫び声だと思います。

なお、各章末に「ヘイトスピーチと排外主義に加担しない出版関係者の会」の趣旨文（一二頁）に寄せられた賛同コメントを掲載しています。

この小さな本が、読者の皆さま、とりわけ書店を愛する人たちにとって、「思考停止しないための一冊」になれば、これ以上に望むことはありません。

二〇一四年秋　ころから編集部

もくじ

第1章
現代の「八月三一日」に生きる私たち
加藤直樹
ヘイトスピーチ（差別煽動表現）の果てに何があるのか――九〇年前の朝鮮人虐殺を描いた『九月、東京の路上で』の著者が、自著を通して見えてきた社会状況を語る。そこに現れたのは、新たな「八月三一日」に生きる私たちの姿だった。
17

資料
◉「夕刊フジ」メイン見出し ◉嫌韓嫌中本のタイトルを眺めてみる
◉ソウルの大型書店「教保文庫」を日本関連中心に観察する
◉ヒトラーはいかに反ユダヤ主義に目覚めたか

第2章
書店員は「ヘイト本」をどう見ているのか？
嫌韓嫌中本、あるいは歴史修正主義の一種のように日本近代史を賞賛する本があふれる書店。その現場で、本を仕入れ、読者に手渡す書店員は、何を思うのか？アンケートには、現場の逡巡が読み取れる。
59

第3章 出版業界の製造者責任 83

公共的空間といえる書店に「ヘイト本」があふれる異常さ、それを売らざるをえない書店員の葛藤。1章と2章に収録した報告を踏まえ、シンポジウムに参加した出版関係者たちによる熱のこもった意見交換がなされた。

第4章 ヘイトスピーチと法規制 107

「ヘイト本」を語る際に逃れられないのが表現（出版）の自由との兼ね合いだ。しかし、二一世紀における「表現の自由」とは何か、法規制するとはどのような選択をすることか？ 弁護士と社会学者があえて問う。「自由の名のもと思考停止してはいないか？」と。

表現の自由と出版関係者の責任 神原 元 109

ヘイトスピーチと排外主義に加担しない出版関係者の会趣旨文

いつの頃からか、ヘイトスピーチ*が私たちの日常の風景になりました。

書店には「嫌中」や「嫌韓」を堂々と掲げた本が無数に並び、車内広告にはまるで戦争前夜のような煽り文句が躍ります。

「差別は許されない」といくら表の顔で語ろうと、公のメディアの上であからさまに他国や他民族を蔑視した言説が許容されている現実のもとでは虚しく響きます。

出版という言論の手段を生業とする私たちは、こうした現状に、ただ眉をひそめているだけでいいのでしょうか？

中国や韓国など他国および民族集団、あるいは在日外国人など少数者へのバッシングを目的とした出版物（便宜上「ヘイト出版」と総称します）、そして、それと関連して日本の過去の戦争を正当化し、近隣諸国との対立を煽るような出版物は、すでに「産業」として成立しています。『マンガ嫌韓流』が話題を呼んでから約10年、いまや名の知れた大手出版社がこぞって同種の本を出し、何万部という部数を競う現実があります。

無論、ヘイト本が売れるのは、一定の読者の共感を呼んだからであり、出版社はそのニーズに応えただけだとも言えます。

しかし、そうした本が書店に並び、ベストセラーになることで、ヘイト表現は市民権を得たとみなされ、人々の意識下にある差別や排外主義への欲求をさらに誘発していくでしょう。

こうした循環の先に待ち受けているものは何でしょうか？

各地で行われているヘイトスピーチ・デモや在日外国人への嫌がらせ行為の過激化には、国内外から強い懸念が表明されています。

呼応するように、統治者の側からも、自国の負の歴史を隠蔽し、近隣諸国への敵愾心《てきがいしん》をあらわにした言葉が語られます。

「日中戦争」などという言葉が公の場で語られるなどと、ほんの数年前に私たちは想像できたでしょうか。

どこかで良識のブレーキがかかると信じたい気持ちはあります。

しかし万一、そのブレーキがかからなかったとき、出版業界は果たして何の責任もなかったと言えるでしょうか。

取り返しのつかない結果の後で、いかに「反省」を口にしても遅いことは、この国の歴史が示しています。

出版を生業とする私たち自身が、ヘイト出版に異議を唱える上では葛藤もあります。

しかし、だからこそ、「自分は加担しない」という個々人の表明に期待します。

「私は、差別や憎しみを飯の種にしたくない」
「私たちの愛する書店という空間を、憎しみの言葉であふれさせたくない」

私たちはそう表明し、本を愛する多くの方々とともに、この問題と向き合いたいと願います。

＊ヘイトスピーチ（差別煽動表現）……特定の民族・国籍・宗教、または性的マイノリティなど特定の属性をもつ集団への敵意や憎悪を煽る言説や示威行動。犯罪として処罰対象とする国もある。国連の人種差別撤廃条約（一九六五年）は「人種的優越または憎悪に基く思想のあらゆる流布、人種差別の煽動」と「人種差別を助長し及び煽動する団体、及び組織的宣伝活動その他のすべての宣伝活動」を違法とし禁止すべきものとしている。

第1章

現代の「八月三一日」に生きる私たち

加藤直樹

ヘイトスピーチ（差別煽動表現）の果てに何があるのか――九〇年前の朝鮮人虐殺を描いた『九月、東京の路上で』の著者が、自著を通して見えてきた社会状況を語る。そこに現れたのは、新たな「八月三一日」に生きる私たちの姿だった。

加藤直樹（かとう　なおき）

一九六七年東京都生まれ。法政大学中退。出版社勤務を経てフリーランスに。鹿島拾市の名で、宮崎滔天や「蟻の街」をつくった松居桃楼、朝鮮人女性飛行士の朴敬元など、近現代史上の人物論を「社会新報」などの媒体に執筆。著書に『九月、東京の路上で』（ころから）。

◎「故郷」で見たヘイトデモ

『九月、東京の路上で』（ころから）を書いた加藤直樹です。関東大震災時の朝鮮人虐殺——すなわちレイシズムの果てに起きたジェノサイドについて書いた立場から、いわゆる「嫌韓嫌中本」などのヘイト本があふれ返っている出版状況をどうみるかというテーマで話したいと思います。

まず、ブログとして始めた『九月、東京の路上で』が刊行されるまでの経緯をお話ししたいと思います。

二〇一二年の夏、韓国の李明博《イミョンバク》大統領（当時）の竹島／独島上陸をきっかけに、在特会（在日特権を許さない市民の会）をはじめとするレイシスト集団が、韓流タウンといわれる東京の大久保で、ヘイトスピーチを撒き散らすデモを毎月二回のペースで行うようになりました。あのあたりは韓国料理店をはじめ、五〇〇軒もの韓流ショップが密集しているのですが、その通りを、彼らは「ゴキブリ、ウジ虫、朝鮮人は出ていけ」といった、差別と憎悪に満ちた言葉を叫びながらデモ行進しました。

さらに、デモの解散後には「お散歩」と称して路地に入り込み、罵詈雑言を叫びながら練り歩きます。その映像はインターネットのＹｏｕＴｕｂｅでも見ることができますが、本当にひどいものです。

「日本が嫌いな奴は絞め殺してやるから出てこい」とか「犯罪朝鮮人を皆殺しにしろ」、「コリアンタウンを焼き尽くせ」などと叫びながら歩き、韓流ショップの店員さんを取り囲んで「竹島は誰のものだ、答えてみろ」などとつるし上げ、看板をバンバン叩いたりしていました。

その映像を見たとき本当にショックを受けました。というのも、私は大久保出身なのです。生まれも育ちも大久保で、二〇歳まで暮らしていました。一九七〇～八〇年代の大久保は韓流ショップもなく非常に地味な商店街でしたけれども、それでも相対的には他の地域より在日コリアンが多い街でした。

地元の小学校では、学年に三人か四人は民族の名前を名乗る在日の子がいました。私が気づいていないだけで、日本名の子はおそらくもっと多くいたでしょう。そういうなかで育ってきたので、大久保がもともと日本人だけの街でないことは私自身がよく知っているのです。大久保通りの北には、ロッテの工場があり、そこでパートで働いているお母さんも多かった。在日だけではありません。私が知る大久保は、商店主や国鉄労働者から水商売の人たちまで、多様な住民が暮らす街でした。

そういう街の成り立ちも知らない連中がやってきて、たとえば、かつて同級生のお父さんが経営していたパチンコ屋の前でも、「朝鮮人は出ていけ」とか「殺せ」などと叫んで歩いている。ネットで「お散歩」の映像を初めて見たのは二〇一二年の秋でしたが、本当に怒りがこみ上げてきて、どうしたらこれを封じ込められるんだろうかと考えました。でも妙案も浮かばず、何もできなかった。

それが、翌一三年の二月に「レイシストをしばき隊」を名乗る人々が、「『お散歩』阻止」を掲げて、路地に入ろうとしたレイシストの目の前に立ちはだかった。それをきっかけに差別デモに対する抗議行動が拡大していき、その段階で、私にもできることがあると気づき、「カウンター」行動に飛び込んだのです。

大久保で行われてきた差別デモは、毎回二〇〇〜三〇〇人の規模です。それに対して、抗議する人たちは十数人から始まり、数十人になり、やがては一〇〇〇人以上になり、レイシスト集団を包囲するまでになりました。日韓関係に悪影響を及ぼすという政治判断もあってか、警察も次第にレイシストに厳しく対応するようになりました。こうして、一三年六月末以降、差別デモが大久保で繰り返されることはなくなります。その年の九月八日を最後に、大久保で差別デモは一回も行われていません。少なくとも、大久保からは追い出せたわけです。

◎共鳴する九〇年前と現代

この大久保の出来事（加えて大阪・鶴橋でのレイシストへの抗議行動）をきっかけに、反レイシズム運動が大きく拡大していきました。その後も、レイシストたちが各地で差別デモ、差別街宣をするたびに、多くの人が駆けつけて抗議しています。

私自身は、大久保では毎回、数人の友人とともに抗議行動に参加していたのですが、生まれ故郷から差別デモを追い出せたという意味で自分なりの区切りがついたという思いから、ここでいったん立ち止まって、現場で抗議の声をあげるのとは別のやり方を考え始めました。そこで、友人たちと話し合った結果、「関東大震災時の朝鮮人虐殺について、皆に思い出してもらうために何かをやろう」ということになったのです。

二〇一三年はちょうど関東大震災九〇周年でした。九〇年前の東京では、人々が「朝鮮人を殺せ」と叫んで路上に出てきて、実際に数千人とも言われる人々を「朝鮮人だから」という理由で殺してしまった。そして九〇年後に再び、「朝鮮人を殺せ」という人々が路上に出現している。ところがこの二つをつなげて考える人が、差別デモに抗議する人たちを含め、ほとんどいなかった。そのことに私は強い危機感をもったのです。

現在の韓国人、朝鮮人に対する差別には、歴史的な背景があります。だとすると、差別を考える上で、関東大震災の記憶はとても大事なものであるはず。その記憶を、レイシズムがはびこる現在の状況をおかしいと思っている人々と共有したいと考えたのです。それで一三年九月に、期間限定（一〇月初めまで）でブログを始めました。

関東大震災が起きたのは一九二三年（大正一二年）九月一日です。この日から一週間以上、朝鮮人だけでなく中国人や間違えられた日本人への虐殺や迫害が続きました。それは、群馬県など直接の震災被害がなかった地域にまで広がったのです。ブログでは、九〇年前の九月に起きた虐殺事件の現場を、証言や公的記録を切り口に取り上げ、それを時系列で、そして九〇年前と同じ日時に掲載していきました。

たとえば、一九二三年九月三日の午後三時には東大島（現江東区）で一〇〇人以上の中国人労働者が虐殺されました。その記事を二〇一三年九月三日の午後三時にアップするのです。同時に、その事件が起きた場所の現在を撮った写真を文章に添える——ということをやりました。そうした場所には現在、事件をうかがわせるものは何も残っていません。だけれども、その光景のなかに、見えなくされてしまった歴史を能動的に見てほしいと思ったのです。

一カ月ほどでこのブログは終わりましたが、予想外の反響を得て、アクセス数は約五万五〇〇〇件になりました。私たちは五〇〇〇件もあれば成功だと言い合っていましたから、この結果には驚きました。朝鮮人虐殺の記憶を多くの人と共有することができたことで、ブログをやった意味があったと感じました。

そしてその後、「ころから」という二〇一三年にできたばかりの出版社から、このブログを書籍化しないかとの話があり、少し手を入れて、一四年三月に刊行されたのです。

書籍化にあたっても、当時のことを時系列で追っていくブログのスタイルを踏襲しました。住民の証言であるとか、被害者の回想であるとか、軍の公式記録から、ここでこういうふうに殺したという記録を載せています。それから警察の記録や新聞記事なども数多く引用しました。

また、いろいろな立場の人の声を載せるように工夫しました。たとえば正力松太郎。読売新聞の「中興の祖」とよばれる正力は当時、警視庁官房主事の地位にありました。警視総監に次ぐ地位で、警視庁の特別高等警察（特高）のトップです。いまで言えば、警視庁の公安部門トップのようなものです。実は彼は、震災直後に朝鮮人暴動の流言を信じてしまう。そして、「不逞者に対する取締りを厳重にせよ」との指示を管内各署に発してしまいますが、しばらくして暴動のような事実はないことを知ります。後に彼は、「朝鮮人来襲の虚報には警視庁も失敗しました」と正直に語っています。

あるいは、上野公園で朝鮮人が集団でリンチを受けているところに出くわして、おれも一発殴ってやろうと思った銀行員の話や、殺されかかった朝鮮人の言葉、それから朝鮮人に間違えられて怖い目にあった俳優の千田是也など、有名無名のさまざまな人たちの「顔」が見えるような証言、記録を選びました。それは、当時の状況を「感じて」ほしかったからです。

いま、こうした日本の負の歴史にかかわる事実は非常に伝えにくい状況になっています。この十数年で歴史修正主義がどんどんひどくなってきて、それに抗おうとすると、不毛な論争の相手をしないといけなくなっている。

たとえば「南京大虐殺は嘘だ」といった内容の本が出ると、それに対抗して「南京虐殺否定論の嘘」みたいな本を出さなければならない状況がある。もちろん、歴史修正主義の嘘を暴いていくのは大事なことです。しかしそれは入り口の手前みたいな話です。歴史を知ることが大事なのは、起きたことを受け止めて、そこから学ぶことができるからだと思いますが、いまはその入り口のさらに手前でうろうろしなくてはならないという状況があります。私はそれを避けたかった。

私は歴史学者ではありませんから、当時の状況を全体的に俯瞰《ふかん》するようなものは書けません。全体を描くより、当時の現場の空気を伝えたかった。あのときどんな人がいて、どんな行動をして、そのなかでどんなふうに殺されたり、あるいは殺されかかったりしたのか。朝鮮人を守った日本人もいました。そういった、当時のさまざまな人々の「顔」が見える本にしたかったのです。

そして、当時の空気を「感じる」ことで、現代を生きる私たちがそこから何を学ぶのかということも問いかけたかった。九〇年前、民族差別的な意識から流言が発生し、それを信じた人によって罪もない多くの朝鮮人が殺された。それはすなわち、レイシズムがジェノサイドに至った事件なのです。

いま私たちが直面している事態について「嫌韓」という軽い表現が用いられていますが、これは朝鮮民族へのレイシズムそのものです。それは歴史的に形成されてきたものです。日本がかつて朝鮮半島を植民地支配していた時代の民族差別、蔑視、そして三・一独立運動（一九一九年）などによってかきたてられた朝鮮人への恐怖。そうしたものが当時、朝鮮人虐殺を生んだわけですが、現在のレイシズムの起源は、こうした歴史のなかにある。そういう意味で、関東大震災時の虐殺という歴史を、現代のレイシズムを考える上でのひとつの参照軸にしてほしいという思いも強くあったわけです。

ただ、本を出したときにはどういう反応が来るか予想がつかず、不安でした。私が心配したのは、いわゆるネット右翼からの反応ではありません。そういう人たちが「反日左翼本だ」という定型的な反応をすることは容易に想像がつきます。そうではなく、私と同様にいまのレイシズムの隆盛に危機感をおぼえている人から、どういう反応が来るかということです。「大昔のことだからピンと来ない」

とか、「そういう難しいことを持ち出して、話をややこしくしないほうがいい」といった反応が寄せられるのではないかと心配していました。

ところが、実際にふたを開けてみると、若い人たちも含めて、こちらが驚くぐらいに大きな反響がありました。とくにネット上では、本を読んだ人の反応がたくさん書き込まれていました。私はそこから、現代の状況に対する深い危機感を受け取りました。

若い読者たちは、九〇年前の恐ろしい事件のことを知って驚くだけでなく、そのなかに現代を見ている。印象的だったのは、「これはいまの出来事だ。九〇年前の話じゃない」というツイッターへの書き込みでした。この意見が、この本の読まれ方を象徴しています。より突っ込んだ言い方をすれば、かれらは九〇年前のジェノサイドのことを読んだのではなくて、この先にあるかもしれない「最悪の未来」を読んだのだと感じました。

◎「三国人発言」の本当の恐ろしさ

私自身、関東大震災時の朝鮮人虐殺について知り、興味をもったのはそう昔のことではなく、二〇〇〇年の石原慎太郎都知事（当時）による「三国人」発言のときです。

あのときに石原都知事は、「三国人」（敗戦当時に日本に在住していた朝鮮人、中国人などを指す蔑称。石原都知事は両国人に限らず、悪い外国人というニュアンスで使っている）が災害時に暴動を起こすかもしれない、そのときは自衛隊に治安出動してほしい、と言ったわけです。私はこれを聞いたとき、頭を殴られたような衝撃を受けました。私は当時、関東大震災時の朝鮮人虐殺について具体的にはほとんど知りませんでしたが、それでも、「朝鮮人が暴動を起こしている」などの流言が広まって虐殺が起きたという程度の知識はありました。それに照らしたとき、石原都知事の言っていることはかなりまずいことなのではないかと直感的に思ったわけです。私が朝鮮人虐殺について本を読み始めたのはそれからです。

私はそれまで、朝鮮人虐殺について、震災のなかで人々がパニックを起こして偶発的に殺してしまったのだろうくらいの認識しかもっていませんでした。ところが虐殺の規模は思っていたよりもずっと大きかった。そして、行政が流言を真に受けて拡散し、自らも虐殺に参加したことさえあったことを知ったのです。

内務省や警察は、「朝鮮人が暴動を起こしている」という流言を真に受けて拡散し、事態を悪化させる役割を果たしてしまいました。軍は自らが殺害に手を染めました。このことは軍の記録にも残っています。また、記録は残っていないものの、警察官が朝鮮人を殺したという証言もあります。

関東大震災時の虐殺についてくわしく知り、差別的な流言の拡散に行政が加担することの恐ろしさが見えてきたとき、あらためて、「三国人」発言の本当の恐ろしさに気づきました。あの発言は「間違っている」だけでなく、社会にとってあまりに「危険」な内容なのだと。

衝撃を受けた私は、友人に会うたびに関東大震災と「三国人」発言の本当の恐ろしさについて話したのですが、みんなピンと来ない感じで、私の危機感は共有されませんでした。それで、いつかは自分で関東大震災について書かなくてはならないと思うようになったのですが、そのきっかけをつかめずにいました。それが今回こういうかたちで実現したわけです。

二〇〇〇年には、誰もこうした危機感を共有してくれなかったのに、いまはことさらにそれを言い立てなくても、読者の皆さんが感じ取っている。これは、かなり恐ろしいことです。それだけ状況が悪化しているということですから。

◎九〇年前との差異と相似

一方で『九月、東京の路上で』についてよく言われるのが、「でも関東大震災時の虐殺のようなことは、もう起きるわけがないでしょう?」ということです。それに対する私の答えは、「イエス」でもあるし、

「ノー」でもあります。

まず、「イエス」。起きないだろうと言える理由は、当然ながら時代状況がまったく違うということです。

当時の日本では、日露戦争（一九〇四年〜〇五年）があり、一九世紀末から続く朝鮮の義兵闘争鎮圧があり、シベリア出兵（一九一八年〜二二年）がありました。要するに戦争に行って帰ってきたお父さんやお兄さんが近隣にも大勢いたのです。そして当時は、刀剣や銃を所持することは違法ではありませんでした。平均すると三軒に一軒の割合で、刀剣をもっていたと言われています。しかも当時の日本は朝鮮半島を植民地支配していた。そうした時代のように、数千人もの外国人が虐殺されるという事態は起きるわけがない。それは明らかです。

けれども、いや、「ノー」だ、同質の事態は起きるかもしれないとも言えるのです。数千人が殺されることはなくとも、災害に乗じて差別的な流言が拡散し、行政がそれへの対応を誤り、そのことによって誰かが何らかの暴力によって傷つけられたり、生命を奪われたりすることは十分に起こりうる。

というのは、災害時に起きることには、時代や国を越えて普遍性があるからです。たとえば、マイノリティや外国人を敵視する流言が「必ず」出現します。一九九五年の阪神・淡路大震災でも、二〇一一年の東日本大震災でもそうでした。東日本大震災時に被災地にボランティアに行った若者から聞いた話があります。ある被災地での、ボランティアによる会議で「この付近で、外国人窃盗団が出没しているという話があるから、夜の一人歩きは気をつけよう」と真顔で話し合われていたそうです。「そのときはこれがデマかもしれないなんて、考えもしなかった」と彼は言っていました。

阪神・淡路大震災のときにも、外国人をめぐる流言がありました。私は、地震から一〇日ほど後に被災者を支援していた友人たちとともに、神戸へ行きました。そのときは日本人の友人と、李さんという中国人の友人の三人でした。李さんは熱血漢でした。震災が起きた後、すぐさまスクーターに飛び乗って東京から神戸に向かい、以後、現地と東京を往復しては、スーパーマンのように活躍していました。

当時、避難所には救援物資の弁当が毎日届いていました。最初の数日は生命をつなぐ上で非常に重要ですが、冷たい弁当を一週間も食べ続けると、誰でも飽きてしまいます。李さんはそのとき、弁当を集めて食材別に分解して、中華鍋で炒め、温かい中華料理に仕立ててみせました。また彼は建築学科出身で、被災者に頼まれると、どの家が半壊でどの家はまだ住めるのか、鑑定してあげていました。公共施設の避難所以外に避難した人たちが孤立しないように支援する仕組みづくりにも、積極的に意見を出していました。

そうした活躍があったから、彼は避難所の人たちにとても愛され、私が彼と一緒に現地に入ったときには、避難所の人たちが「あっ李さんや、李さんが来た！」と叫んでいた。古代に中国から日本に文明が伝わったときにはこんな感じだったんじゃないかと思ったくらいです（笑）。

ところが、そんな彼でも、外国人を敵視する流言を耳にしています。ある日、おばさんに「中国人が畳を盗んでまわっているらしい」と言われたそうです。李さんが「中国人は畳なんかいらないよ」と笑うと、おばさんも「それもそうね」と笑って終わったそうですが。

外国人が放火しているといった流言もあった。鎮火したはずの家からまた火が出る、これは誰かが放火しているに違いない。きっと外国人だ、と。これは「再燃火災」という現象で、鎮火した後も布団などに残っていた火種がゆっくりと広がっていったり、あるいはガスや電気が復旧して漏電などで火がつくことで起きるのです。しかし、そういった知識がないと「火のない所から再び燃えたのは怪しい」、そして「同じ日本人の仕業じゃない」となってしまう。

このように災害時に外国人やマイノリティを敵視する流言が飛び交うのは、日本だけの話ではありません。本にも書きましたが、二〇〇五年にアメリカのニューオリンズをハリケーン・カトリーナが襲ったときには、貧しい黒人が強盗や強姦を繰り返しているという流言が広がりました。しかもこれを行政やメディアが真に受けたことから、各地で白人の「自警団」が黒人を無差別に射撃するという事態になったと、レベッカ・ソルニットが『災害ユートピア』(亜紀書房)で書いています。死者は数十人に上ったようです。

実は、阪神・淡路大震災のときにも自警団は存在しました。

私の友人のジャーナリストが、怖い経験をしています。地震から一週間ほど経ったある日の夜中、彼はバイクで神戸市内を移動していました。当時は停電のため信号機や街灯も消えており、あたりは真っ暗です。彼は道が分からなくなってしまい、バイクを止めて現在地を確かめることにしました。

懐中電灯の明かりで地図を見つめていると、「お前、ここで何してるんや」というこわばった声がします。顔を上げると、金属バットなどを持った若者たち十数人に取り囲まれていました。これはまずいと思って名刺を出して自分の身元を告げると、若者たちは緊張を解き、「そうでしたか。空き巣が多発しているらしいので、自警団を組んで見回りしているのです」と言ったそうです。

翌日、彼が兵庫県警に報告すると、県警の担当者は、「それはまずい。武装などは最も危険なことだ。すぐにやめるように伝えます」と答えたそうです。

実は当時、兵庫県や神戸市の行政はこうした危険性に敏感で、非常に賢明な対応をしました。先のジャーナリストはこんな話もしてくれました。神戸市役所での記者会見で、ある全国紙の記者が、「空き巣が増えているという噂があるが事実か？」と質問したところ、市の広報担当者は、「現時点でそうした報告は受けていない」と答えた上で、「あなた方が流言を拡散するようなことにならないよう、報道に気をつけてほしい」と釘を刺したそうです。

行政だけでなく、社会の側も賢明でした。刑法学会の学会誌『刑法雑誌』が、二〇〇二年に「阪神大震災と犯罪問題」という特集を組みましたが、このなかで、東北大の教授だった斉藤豊治さんがこう書いています。「住民側の（自警）活動の大半は、住民による巡回や監視を中心とする消極的受動的なものであり、犯人を捕まえようといった積極的攻撃的な活動は、危険であるとして回避される傾向にあった」と。

私の友人が見たような自警団の武装は、かなり例外的だったとも書いています。要するに、神戸では、行政も社会も、治安意識の過剰な発動によって二次的な被害を引き起こす可能性に自覚的で、抑制的だったのです。

それでもなお、友人のジャーナリストの経験を、先ほどの「中国人が畳を盗む」という話とつなげると、恐ろしいと思うのです。もし、自警団に取り囲まれたのが日本人のジャーナリストではなく、スクーターに乗った李さんだったらどうだったでしょう。いや、彼のように流暢な日本語を話せない中国人だったら？

もし、行政が阪神・淡路大震災のときのようなまともさを発揮することなく、逆に、ニューオリンズのように流言を真に受けるような意識だったらどうでしょうか。もし、行政のトップに石原都知事のような外国人に対する差別的な偏見を抱いた人物が座っていたらどうでしょうか。とんでもない間違いが起きない保障はどこにもありません。

そういう意味で、たとえ日本刀は使われないにしても、災害時に、流言がきっかけで、何らかの暴力で人がケガをしたり殺されたり、あるいは外国人であることで不利益を被るということは、現代でも起こりうるわけです。本質的には、状況は関東大震災の頃と変わっていない。「あんなことはもう起きない」ではなく、起こさせないようにしなくてはいけないのだと思います。

先の論文は、神戸の行政や社会の抑制の背景として「関東大震災からの教訓を踏まえて人々の対応が行われた」ことも指摘しています。災害時に、差別による暴力という二次災害が起きることを防ぐという意味でも、関東大震災時の虐殺という史実は忘れられてはならないと考えます。

◎メディアの「製造者責任」

「関東大震災時の朝鮮人虐殺のような出来事はもう起きないでしょう?」という質問には、もう少し抽象的な次元でも、「ノー」、それは分からない、と答えることができます。災害時の流言の話に限らず、レイシズムが野放しに煽られていく社会状況がこのまま続けば、「思わぬ事態」に向き合ったとき、私たちの社会がレイシズムによってひどい選択をする可能性があるということです。

具体的にどのような事態が引き金になるか――それは分かりません。そもそも、特別な事態がなくても、嫌韓嫌中と称するレイシズムによって在日などのマイノリティの人々が日々、精神的に殺されている状況そのものが、十分にひどいとも言える。しかしその上でなお、思わぬ事態が起きるときについて考える意味があると思います。

関東大震災が起きたのは一九二三年九月一日でした。そして震災の混乱のなかで、朝鮮人虐殺が引き起こされた。なぜそんなことが起きてしまったのかについて、研究者たちがさまざまに分析しています。しかしそれは、起きてしまった後だから言える結果論にすぎません。つまり、一九二三年八月三一日に、明日、大地震が起きて、そのとき「朝鮮人が暴動を起こしている」との流言が広がって罪のない人々が殺されるだろうと予測していた人は、一人もいないわけです。だとすると、私たちもまた、現代の「八月三一日」に生きていると考えなくてはいけない。それは地震ではなく、戦争がきっかけになるかもしれない。あるいは、われわれがいま思いもつかない別の何かかもしれない。

そして、そのときまでに準備され、浸透してきた「韓国人は○○だ」「在日は○○だ」「中国人は○○だ」といった類のレイシズムが、九月一日、「思わぬ事態」に際して、大事な判断を決定的に誤らせるかもしれないのです。

こういう話をするときに私の脳裏にあるのは、在特会のような分かりやすいレイシストのことではありません。レイシズムやヘイトスピーチというと、どうしても街頭で「朝鮮人を殺せ」と叫ぶ卑怯下劣な人々を思い浮かべます。しかし、私がいま気にしているのは「行動する保守」を自称する彼ら以上に、メディアについてです。

関東大震災の研究者たちは、震災時の流言と虐殺の背景に、それまでに朝鮮人への蔑視や恐怖を煽ってきたメディアの問題があったことを指摘しています。私たちの生きる「八月三一日」のメディアの状況はどうでしょうか。

資料1〔四六頁〕を見てください。これは私が国会図書館へ行って集めた「夕刊フジ」の見出しです。二〇一三年の一〇月から翌年の三月末まで、半年分をリスト化しました。

これを見ると、韓国や中国をネガティブに扱っている見出しが全体の八〇%を占めていることが分かります。韓国関連だけで五〇%。つまり一〇日間のうち八日間は韓国か中国の悪口を書いている。夕刊紙というのは、仕事帰りに憂さ晴らしで買うものです。私もたまに「日刊ゲンダイ」を買い、安倍首相の悪口を読んで溜飲を下げるわけですが、つまり、韓国や中国の悪口を読むことが憂さ晴らしになる人がそれだけいるということです。レイシズムが娯楽となっている。私は「夕刊フジ」は買いませんが、駅の売店前を通れば、いやおうなく広告と見出しが目に飛び込んできます。その派手な煽り文句を毎日見るなかで、刷り込まれていくものが確実にあると思うのです。

次に資料2〔五〇頁〕は、嫌韓嫌中本のタイトルを並べたものです。とくにひどいものを集めたのではなくて、ネットで一五分ほど検索してひっかかったものを並べたにすぎません。しかし、あらためてこれらの書名を眺めると、多くの人は「ひどいタイトルだ」と思われるでしょう。しかしいまの日本では、こんな本が、これらの三倍も四倍も書店に並んでいるわけです。

拙著『九月、東京の路上で』が反レイシズム運動のなかで読まれたのは、レイシズムが最終的にジェノサイドに至るということを事実として示したからだと思います。だからこそ、私が恐ろしいと思うのは、嫌韓嫌中本のなかに、そのジェノサイドへの欲望が読み取れるということです。とくにこの資料の最後の二冊はそれが非常に分かりやすく出ています。

一冊目は『中国人韓国人にはなぜ「心」がないのか』（ベストセラーズ）。すごいことを言っている。犬や猫だって心はあります。心がない生き物とは虫などでしょうか。そうするとこれは、在特会が言っている「ゴキブリ朝鮮人は死ね」という表現と何が違うのか。

もう一冊は『中国を永久に黙らせる100問100答』（ワック）。『韓国・北朝鮮を永久に黙らせる100問100答』（ワック）もあります。誰かを「永久に黙らせる」のに一番よい方法は何か。ちょっと考えたら分かりますよね。

◎ソウルの書店から見えるもの

一方で、ソウルの教保《キョボ》文庫という書店の本棚の写真を見てください（**資料**3［五二頁］）。これは、韓国の友人に二〇一四年七月に撮影してもらいました。

教保文庫は、新宿の紀伊國屋書店のように大きな書店です。日本の書店にこれだけ大量の嫌韓本が並ぶのだから、韓国でも同じくらい「反日」本が並んでいるのだろうと思われるかもしれません。しかし、そんなことは全くありません。私はソウルに行くときはいつも教保文庫に立ち寄るのですが、「嫌韓」本に対応するような「反日」本など見たことがありません。つまり、『日本人にはなぜ心がないのか』、『悪日論』、『妄想大国日本を嗤う』などといったタイトルの本を見たことがない。

日本関連の書棚を中心に、写真を見てみましょう。

国際政治・外交のコーナーには、『公共外交概論』『アメリカ外交政策』『外交官として生きるということ』など、アカデミックな本が並んでいます。

日本コーナーには、『日本の武士道』『日本民俗芸能——踊る神の研究』『日本文化の力』、立花隆の『天皇と東大』などが並んでいます。

日本関連のもうひとつの棚には『右傾化する神の国』『オタク——仮想世界の子どもたち』『日本はなぜ平和憲法を放棄するのか』『市民が参加する町づくり』など。『小沢イズム』なんていう本もある。日本史関連では、『戦争の記憶』『日本戦後史』『敗北を抱きしめて』『前方後円墳と社会』『広島湾の軍事化と性暴力』『日本文化史』などです。『右傾化する神の国』などは、明らかに日本の状況を批判しているわけですが、それでも言いっ放しの罵倒をしているわけではない。

そして人文系の、売れ筋の本を置いている平積みのコーナー。『判事有感』『新自由主義の共謀者たち』『独身の午後』『とても優雅な嘘の世界』といった本と並んで、小熊英二さんが書かれた『社会を変えるには』の翻訳本があります。

人文系の棚には、『日本最悪のシナリオ』というタイトルが見えます。これは新潮社から出ている同書名の本を翻訳したもので、火山の噴火など、日本を襲うかもしれない危機の可能性を検証したものです。韓国版の帯にはこう書いてあります。「日本最悪のシナリオから我々は何を学ばなくてはならないか」。

つまり、日本を他山の石として、韓国自身の最悪のシナリオを考えるきっかけにしようというスタンスがうかがえます。もし似たようなタイトル、たとえば『韓国最悪のシナリオ』という本が日本で出版されたとして、帯にどんな煽り文句がつくか？　それを考えてみれば、ここに「嫌韓」と「反日」という対称的な構図を見ることはできません。

先に申し上げた通り、教保文庫は紀伊國屋書店のような存在ですから、普通の町の本屋さんより教養志向が強いのは確かです。しかし、それを差し引いても、この書棚を眺めたとき、日本に対するアプローチが多様で、バランスがとれた感じを受け取るのではないでしょうか。「バカ」「狂気」「嘘つき」

「心がない」といった表現は、少なくともここでは発見できない。ちなみにソウルの普通の「町の本屋」でも、私はそういう本を見たことがありません。

一方で、皆さんがいつも見ている日本の書店はどうでしょうか。『なぜ中国から離れると日本はうまくいくのか』（PHP研究所）、『嘘だらけの日中近現代史』（扶桑社）、『反日・愛国の由来』（PHP研究所）、『バカの国』（サンクチュアリ出版）、『中国・韓国が死んでも隠したい本当は正しかった日本の戦争』（徳間書店）、『中国はもう終わっている』（徳間書店）。国際コーナーやビジネス書のコーナーに行くとこんな本が並んでいます。

念のために言っておきますが、私はここで、韓国の対日感情一般を議論しているのではありません。日韓両国で「嫌韓」「反日」が互いに激しくなっているといった、奇妙な相対化の視線が、果たして現実を反映しているのか疑問だと言いたい気持ちはあります。しかし、それよりも、韓国の書店の風景と比較してみることで、日本の書店の状況がいま、いかに異常なことになってしまっているかに気づいていただきたいのです。

私が若い頃、八〇年代の書店の書棚には、「バカ」「狂気」「嘘つき」「心がない」といった言葉で、どこかの国や民族を罵倒するような本はありませんでした。こうした変化は昨日今日、突然に起きたわけではなく、十数年かけて起きてきたことなので、皆さん、だんだん慣れてきてしまっているのではないか。しかし、そんなふうに慣れてしまっていいのでしょうか。

◎「歴史感覚」をもつために

最後に、資料4［五六頁］は、「ヒトラーはいかに反ユダヤ主義に目覚めたのか」という箇条書きです。『ユダヤ人とドイツ』（講談社現代新書）から引用したものですが、反ユダヤ主義に目覚めた理由としてヒトラーが『我が闘争』に書いた内容をまとめたものです。

ヒトラーは若いときにウィーンにやってきて、画家を目指します。しかし、なかなか芽が出ないうちに、反ユダヤ主義、極右的な思想に染まっていきました。しかし、彼はウィーンに来た時点では反ユダヤ主義者ではなかった。むしろ、反ユダヤ主義に懐疑的なスタンスの持ち主でした。

その彼が反ユダヤ主義に染まったのはなぜか。ひとつは当時のウィーン市長が右翼の反ユダヤ主義者で、それをかっこいいと思って感化された。もうひとつ、当時は反ユダヤ主義を煽る雑誌が氾濫していたのです。彼はそれを眺めている間に、いまで言う「ネットDE真実」のように、ユダヤ人の「悪辣さ」を「知って」いったのです。

このなかの「ユダヤ人」という言葉を、「韓国」や「朝鮮人」「在日コリアン」に置き換えてみてください。いまネット右翼のディープな人々が言っていることとぴたりと重なります。現代日本のレイシズムは、「嫌韓」などとライトな呼び名で呼ばれていますが、歴史のなかに置いてみれば、相当に危機的な水準にあるのです。

ナチスの台頭を招いた時代にも似た、ひどいメディア状況であっても、毎日見せられるうちに私たちは慣れてしまいます。しかし、本当は恐ろしいところに私たちは来ているんだとの認識を手放してはいけない。これが普通だ、世の中は前からこんなものだったのだと思い込むようになれば、それに抵抗する足場も崩れ去ってしまいます。そしてその後に、「九月一日」がやってくる——。

今回のシンポジウムは、「出版物の『製造者責任』を考える」というタイトルをうたっています。非常にいい提起だと思います。インターネットでは、このタイトルに対して「何が製造者責任だ。おまえたちは表現の自由を否定するのか」などといった反発もあります。また、「編集者や出版社は『反差別』であれ何であれ、思想に奉仕するためにあるものではない」とか、「出版社が売れる本を出すのは当然だ」という反論もあるでしょう。こうした反論にも一理あります。出版人としての矜持《きょうじ》なんていう高邁《こうまい》な話をする余裕がある職場も多くはないでしょう。

しかしそれでも、たまたま出版の世界で生計を立てる人間である私たちは、同時に、取り返しのつかない事態の直前、何らかの「八月三一日」に立っている人間でもあるはずです。私たちには、取り返しのつかない出来事を起こしてしまった過去があり、いまもまた、取り返しのつかない未来の出来事の前に立っている。私はそれが歴史感覚ということだと思います。

そうした感覚に照らしたとき、レイシズムを煽動する本が書店の一角を埋め尽くす状況が、「三国人」発言についての先ほどの話になぞらえれば、「間違っている」だけでなく「危険」でもあることは明らかです。「表現の自由を否定するのか」という次元の話にいきなり飛んで終わるのではなく、その「危険」の意味を、立ち止まって考えてみるべきだと思うのです。

資料①

「夕刊フジ」メイン見出し　二〇一三年一〇月一日～一四年三月二九日（休刊日除く）

2013年10月

1　韓国20年恐慌突入　朴大統領　迷走で公約違反
2　韓国・朴大統領　対日外交で自爆発言
3　消費増税　安倍賃上げ執念
4　韓国産毒食リスト　即席麺など20品
5　韓国経済　反日放射能デマ大打撃　自国水産業にブーメラン
6　KARA分裂劇　韓流ブーム終幕
8　IMFが警告　中国バブル崩壊
9　韓国メディア仏像返還で内紛勃発
10　金融庁激怒　みずほ首脳総退陣必至
11　辛口評論家が厳選　タワーマンション優良実名リスト
12　中韓　漁業権　血みどろ大抗争
13　韓国妄言連発　また「文化財返せ」
16　韓国財閥破綻続出
17　韓国慰安婦問題　証拠総崩れ
18　韓国慰安婦像に米国猛反発　グレンデール市長が激白
19　韓国呆れた反日　自殺行為　好感度　安倍「3%」　正恩「6%」
20　脱北者も逃げる韓国「暗黒社会」
22　破綻確率ランキング　中韓　日本に惨敗
23　PM2・5禍　中国経済危機拡大
24　安倍　中韓　土地買収封殺着々
25　安倍「動画」反撃　中韓　悲鳴
26　韓国借金地獄　国・企業・家計も…　IMFに暴かれた
27　首都圏　M8前兆　今度は房総沖
30　天安門で自爆テロ　習体制　赤っ恥
31　中韓経済道連れ心中

11月

1　日韓慰安婦問題で漫画戦争勃発
2　韓国民　朴大統領反日失政で借金苦加速
3　ハロウィーンで朝青龍傷害騒動
6　安倍軍vs中朴大統領　全面戦争突入
7　ヒュンダイ失速　韓国経済道連れ
8　習政権衝撃　爆弾テロ　軍関与か
9　韓国異常反日　漫画狩り
10　中国共産党　3年以内崩壊　香港誌
12　韓国20財閥破綻危機　実名リスト
13　竹島動画バトル　安倍　朴大統領に圧勝
14　衝撃情報　小泉小沢共闘「原発ゼロ」で一致

15 習近平　李克強　激突
16 韓国紙まで反日朴大統領批判
17 マー君メジャー白紙　全舞台裏
19 韓国　不良債権地獄　反日で加速
20 韓国　沖縄で卑劣工作
21 日本3発　本田！柿谷！岡崎！　ベルギー撃破　大金星
22 中国経済大炎上　日本にスリ寄り
23 サムスン経営に重大欠陥
24 ジャパンC　村瀬の決断
26 日中　防空圏で尖閣開戦危機
27 中国暴挙　尖閣にミサイル発射情報
28 防空圏　米中衝突現実味
29 自衛隊米軍vs中国　空中戦　制圧シナリオ
30 習近平致命傷　日米が激怒

12月

1 米軍　中国封じ　最新兵器で尖閣「制圧」
3 中国防空圏　朴外交破綻寸前　中国側から見下され
4 中国軍　習政権に反旗情報　特権欲しさ国有企業改革潰す
5 日米が圧力　中国軍暴発寸前　防空圏設置は軍の主導
6 マー君今オフ移籍実現
7 米政権朴大統領に踏み絵迫る
8 W杯組み合わせ詳報　ザック突破「自信ある」
10 尖閣上空で中国軍機　自爆攻撃も　反日軍人「先走り」
11 朴大統領　米軍撤退に怯える　米韓同盟にも亀裂
12 自公決断　猪瀬切り　石破も了承
13 投資有望国ランク　中韓凋落　日本企業ASEANにシフト
14 北朝鮮　張成沢を銃殺　緊急事態
15 金正恩　次は正男暗殺指令
17 朴大統領　ひた隠し韓国軍残虐実態　ベトナム参戦で民間人を大量殺害
18 韓国自虐経済リポート　反日朴大統領に退場勧告「日本いなければ産業消える」
19 韓国政界　朴大統領に悪罵
20 猪瀬やっと辞任
21 朴大統領　親中反日で韓国破産激増
22 有馬記念村瀬が贈る最後の◎
25 慰安婦で日米反撃　テキサス親父「韓国人嘘つき」　漫画フェス　100本出品の日本人社長と〝同盟〟
26 朴政権恥知らず　銃弾提供で「要請してない」と否定
27 朴政権　竹島問題で反日洗脳工作　韓国民「独島愛」刷り込み
28 安倍警戒　中国尖閣暴走も　靖国参拝に対抗

資料①

2014年1月

1 新春特別号　ニッポン大進撃
5 米慰安婦撤去　反韓署名10万突破
8 〝靖国共闘〟米国が拒否　朴政権大失敗
9 韓国　靖国批判で非常識バレた
10 韓国サムスン悪化波及　決算ショック拡大
11 安倍に強力援軍　テキサス親父「中韓黙れ！」　靖国参拝「何も悪くない」
12 衝撃警告　南海トラフ巨大地震「春までに起きる可能性」
15 地方議員318人米国で反韓決起　グレンデール市に抗議
16 韓国　慰安婦を〝遺産〟申請「世界の恥」
17 細川「五輪撤退」主張「原発問題あるから…」
18 国公立・私大偏差値ランク　14年受験大異変
19 韓国トンデモ米批判
21 海外投資家　韓国売り加速
22 韓国観光業界　大惨状
23 新・悪韓論　サムスン新たな危機急浮上
24 都知事選最新予測　細川逆転あるか
25 破綻確率ランク　日本改善　中韓を圧倒
26 「慰安婦50万人」の大ウソ　卑劣中韓に決起　在米日本人ら反対運動
28 中国金融破綻危機　影の銀行デフォルト懸念
29 「反日」朴大統領自伝で判明　歪んだ愛憎　父の悲惨末路が遠因に
30 亡命者が暴露　中国軍腐敗急加速
31 都知事選最新調査　小泉衝撃！　4候補大変動

2月

1 早慶明に異変　最新私大人気ベスト55
2 韓国異常な愛国心　フィギュア実況アナ絶叫エール
4 中国経済統計捏造実態　GDP、失業率…「最悪の輸出品」
5 韓国経済　日本抜きで壊滅
6 中国経済空前の不良債権　奈落寸前
7 朴大統領　オバマ訪日で身勝手外交「韓国にも来て」米に要求
8 IMF韓国に重大警告　ウォン安へ〝闇介入〟
9 ソチ緊迫　トルコ機乗っ取り「爆弾テロ」ウクライナ人の男拘束
11 小泉細川瞬殺　舞台裏
13 スノボHP平野15歳　銀　平岡18歳　銅
14 中国影の銀行破綻　第1号か
15 安倍　中韓謀略に5倍増で反撃　国際広報強化「ウソ宣伝」打破へ
16 羽生フィギュア男子初　金
18 朴大統領　経済政策は「落第」韓国経済学者51人が酷評
19 米軍　韓国に激怒　中国にスリ寄り「二股外交」我慢の限界
20 独占入手　封殺された慰安婦漫画　韓国宣伝工作への疑問を追及
21 テキサス親父　ベトナム残虐行為「韓国謝れ！」「負の遺産」に切り

込み

22 中国影の銀行連鎖破綻必至

23 韓国マスコミ2・22竹島の日バカ騒ぎ

25 G20 中国影の銀行に重大懸念

26 韓国反日組織の正体 VANKネット駆使して謀略工作

27 中国日本企業35社を自滅提訴

28 習近平 反日工作で大失態

3月

1 プーチン韓国に激怒か 核爆撃機を急派

2 中韓国民低劣バトル「マナー悪い」「見下された」罵り合い

4 韓国経済 暴かれた巨額借金204億円 実態は発表額の3倍

5 安倍「河野談話」で韓国に逆襲 日韓「反日」勢力が結託 卑劣安倍潰し工作

6 全人代開幕 習近平圧政でテロ組織暴発寸前

7 中国初デフォルト 400億円債権 市場激震

8 韓国上場企業 417社破綻危機 9ヶ月以内に144社「高リスク」

9 佐村河内氏 逆ギレ会見で墓穴

11 マレーシア機 習体制を標的 爆弾テロか

12 韓国経済失政 自殺者続出「中小・零細業者いじめ」

13 プーチン韓国を侮蔑行状 露韓関係に「異常あり」

14 テキサス親父 中韓慰安婦工作粉砕だ 豪にも像や碑設置計画

15 高校別合格者ランク 東大異変

16 習政権転覆兆候 首都で異常事態 全人代裏でテロ 焼身自殺 刃物騒動

18 中国経済大炎上寸前 韓国を直撃

19 テロ続発! 習近平暗殺怯える「2度計画」で疑心暗鬼

20 韓国自殺大国9年連続ワースト1 朴無策で「経済苦」加速

21 中国大手不動産ついに倒産

23 朴大統領命取り醜聞爆弾 妹は詐欺で有罪判決 弟も麻薬で6回逮捕

25 韓国プーチン恐い クリミア情勢には異例のダンマリ

26 日米機密協定 韓国陥落寸前「コウモリ外交」限界

27 朴大統領無礼者! 日米韓首脳会談 安倍に視線も合わせず

28 韓国経済3度目破綻秒読み

29 「日本は助けない」発言に韓国高官絶句 北侵攻でも「米軍は支援に動かず」

資料②

嫌韓嫌中本のタイトルを眺めてみる

●ウソつき国家・韓国編

『もうこの国は捨て置け！　韓国の狂気と異質さ』（呉善花、石平、ワック）
『韓国とかかわるな！　韓国とかかわると人も国も必ず不幸になるKの法則』（某国のイージス、アイバス出版）
『韓国経済がけっぷち』（勝又壽良、サンクチュアリ出版）
『笑えるほどたちが悪い韓国の話』（竹田恒泰、ビジネス社）
『日本人が知っておくべき嘘つき韓国の正体』（小学館）
『日本人なら知っておきたい「反日韓国」１００のウソ』（宝島社）
『「妄想大国」韓国を嗤う』（室谷克実、三橋貴明、ＰＨＰ研究所）
『いよいよ、韓国経済が崩壊するこれだけの理由』（三橋貴明、ワック）
『韓国反日謀略の罠』（拳骨拓史、扶桑社）

●中国は必ず崩壊する編

『なぜ中国人にはもう１％も未来がないのか』（石平、徳間書店）
『世界征服を夢見る嫌われ者国家中国の狂気』（石平、ビジネス社）

『破綻する中国、繁栄する日本』（長谷川慶太郎、実業之日本社）
『そして中国の崩壊が始まる』（井沢元彦、波多野秀行、飛鳥新社）
『2014年、中国は崩壊する』（宇田川敬介、扶桑社）

◉中国韓国まとめて編

『沈没国家・韓国、侵略国家・中国のヤバすぎる真実』（オークラ出版）
『歴史通増刊　なぜこの国は平気でウソをつくのか』（ワック）
『世界から嫌われる韓国と中国　感謝される日本』（宮崎正弘、徳間書店）

◉みんなうっとり…美しいニッポン編

『世界から絶賛される日本人』（黄文雄、徳間書店）
『日本はなぜアジアの国々から愛されるのか』（池間哲郎、扶桑社）
『日本が戦ってくれて感謝しています』（井上和彦、産経新聞出版）
『日本はなぜ世界でいちばん人気があるのか』（竹田恒泰、ＰＨＰ研究所）

◉ジェノサイドの欲望

『中国人韓国人にはなぜ「心」がないのか』（加瀬英明、ベストセラーズ）
『中国を永久に黙らせる100問100答』（渡部昇一、ワック）
『韓国・北朝鮮を永久に黙らせる100問100答』（黄文雄、ワック）

日本関連中心に観察する　2014年7月

◉国際政治・外交コーナー

- **a** 公共外交概論
- **b** アメリカ外交政策
- **c** 世界外交史
- **d** 外交官として生きるということ
- **e** 現代外交政策論

ソウルの大型書店「教保文庫」を

◉人文系の平積みコーナー

- **a** 判事有感
- **b** 運命の１度
- **c** 社会を変えるには（小熊英二）
- **d** 新自由主義の共謀者たち
- **e** 独身の午後
- **f** とても優雅な嘘の世界
- **g** 世界をひっくり返した発見 31

◉日本コーナー

- **a** 右傾化する神の国
- **b** オタク——仮想世界の子どもたち
- **c** 新時代の韓日協力
- **d** 日本はなぜ平和憲法を捨てるのか
- **e** 小沢イズム
- **f** 市民が参加する町づくり

◉人文系の面陳

a スウェーデン、90%とともにあるデザイン

b 都市のロビンフッド

c 商品の時代

d 日本最悪のシナリオ

新潮社同タイトル本の翻訳
帯は「日本最悪のシナリオから我々は何を学ばなくてはならないか」。

目覚めたのか

『ユダヤ人とドイツ』（講談社現代新書）をより引用し加藤が作成

資料④

現代日本のレイシズム

→ ネット DE 真実、あるいは WiLL などのレイシズムマガジン。

→ 在日の運動や反差別運動、朝鮮総連など。

→ 中国人労働者やニューカマーの韓国人労働者。

→ 犯罪者はみんな在日。

→ メディアは在日が支配して、日本に都合の悪い報道ばかりしている。

→ 日本は在日に寄生され、支配されている。

→ 犯罪者はみんな在日。

→ 民主党議員はみんな在日。

→ メディアは在日が支配して、日本に都合の悪い報道ばかりしている。

→ 在日とサヨクが日本を滅ぼそうとしている。

→ 「こーろせ殺せ朝鮮人！」「皆殺し」デモを想起せよ。

ヒトラーはいかに反ユダヤ主義に

ヒトラーの「目覚め」

① 反ユダヤ主義パンフレットを求め読んだこと。

② 当時のシオニズム運動に見る「ユダヤ人の危険な結束」

③ ウィーンにたくさんいた「東方ユダヤ人の臭気、きたない身なりや服装」にたいする嫌悪。

④ 「文化生活上の不正や破廉恥なことにユダヤ人がことごとく関与していること」

⑤ 「報道、芸術、文学、演劇等に占めるユダヤ人の重み、これは精神的なペストである」

⑥ 「ドイツの人口の１パーセント足らずのユダヤによる多くの分野における支配」

⑦ 「淫売業や少女売買の支配人、現実世界の腐敗や犯罪がユダヤ人の活動に密接している」

⑧ 「ワイマール共和制を牛耳る社会民主党におけるユダヤ人の支配的存在と日和見主義」

⑨ 「ユダヤ人の報道機関支配と彼らの詭弁、ごまかし」

⑩ 「マルクス主義信条に名を借りた国際ユダヤ主義、これは民族と人種を破壊するものである」

⑪ 「（民族の破壊者、ユダヤ人を）毒ガスの中に放り込んでやったとしたら」（『わが闘争』）

出版関係者からの賛同コメント

出版人からこのような声があがることを期待していました。人種・民族差別や排外主義に加担したくないという思いを、 表現に関わる者だからこそ、強く訴えていきたいとおもいます。

◉……ライター

声をあげていくことが重要だと思っています。

◉……ライター

出版は読者を育てるくらいの気概が必要です。来年から出版業界で働きますが、 賛同させていただきます。

◉……学生

表現の自由との関係でそれらとその規制についてどう捉えるべきか、勉強不足で分からない。ただ、 私はヘイトスピーチや排外主義を飯の種などにはしない。

◉……出版社

「私は、 差別や憎しみを飯の種にしたくない」、これに尽きます。素晴らしい。
「売れるから」「ニーズ」「生業」を言い訳にせず、自身の倫理観を大切にしましょう。

◉……出版社

あのとき、はっきりと言えばよかった。
そう後悔しないために、いまできることに向き合わなくては、とおもいます。
ひとりひとりの歩んだ後に、道はできると信じて。

◉……書店

ことばは、わかりあうために、わかちあうためにあると、信じています。

◉……校正者

第2章

書店員は「ヘイト本」をどう見ているのか？

嫌韓嫌中本、あるいは歴史修正主義の一種のように日本近代史を賞賛する本があふれる書店。その現場で、本を仕入れ、読者に手渡す書店員は、何を思うのか？　アンケートには、現場の逡巡が読み取れる。

「嫌韓嫌中本」についての書店アンケート結果概要

本アンケートは二〇一四年五月〜六月に、書店員を対象に実施したものである。シンポジウムの資料として配布した、主な回答の要約をそのまま収録した。

実施主体●ヘイトスピーチと排外主義に加担しない出版関係者の会

実施方法●二〇一四年五月下旬より、フェイスブック、ツイッターを通じて呼びかけ、または直接に依頼

回答結果●依頼数一三件、回答数一〇件
内訳＝大型店五、中型店四、小規模・個人経営店一
首都圏を中心に、地方の中核市を複数含む

回答方法●質問八項目に対して自由記述方式

［質問1］
店頭で、「嫌韓嫌中」などの特定の国や民族へのバッシングを目的とした本が多いと感じられていますか。そう感じる方は、いつ頃からそうした本が目立つようになったと感じられますか。

ほとんどの回答者が「多い」と回答。時期としては
・東日本大震災以降……（二人）
・二〇一二年後半（尖閣諸島問題～安倍政権成立）……（二人）
・二〇一三年夏ごろ……（一人）
・二〇一三年末（秘密保護法強行採決）から二〇一四年初頭……（三人）
指標として雑誌『WiLL』の部数を複数の回答者が挙げた。某ナショナルチェーンでは二〇一二年九月発売号（尖閣諸島国有化直後）で三倍になり、その後も安定して売れているとのこと。

（ここ二～三か月を除けば）点数自体は増えていないが、従前に比べられないレベルで一冊一冊が売れるため存在感が増している。周辺国バッシングとともに自国過剰礼賛が不気味なほど売れる。顕著になったのは二〇一三年末から。【社会科学書担当】

一年前、扶桑社新書の『嘘だらけの日中近現代史』（二〇一三年六月）が何の宣伝もしていないのに勝手に売れ続けた辺りから、異変の予兆を感じていました。それが明白になったのは、竹田恒泰氏の『面白いけど笑えない中国の話』（二〇一三年七月）でしょう。一気にタガが外れた。

【雑誌・ムック担当】

［質問2］
お店では、そうした本をどのように扱っていますか（一か所にまとめている、反対意見の本と並べてバランスをとっている、など）。

気を抜けばそうした本で棚があふれかえります。需要はあり、世間的には売れているから。私自身は、書店はメディアだという（自負も含め）思いで棚を作っています。売れているから、それだけで前面に出すつもりはありません。しかし商売であること、お客様の不利益になってはいけない、偏ってはいけないという思いも立場もあります。冷静に見られる書籍を既刊から掘り起こす等して、半々になるようにしています。

バランスをとるほどの反対意見の書籍があるか、と現場から提起しておきたい。どのように扱うかも何もありはしない。新刊で売れるものはしかるべきところに置くだけのこと。ジャンルとしては広義の社会問題のコーナーに展開する。展開を継続するかしないかはひとえに売れ行きによる。それ以上でも以下でもない。

【社会科学書担当】

いま現在は、売れ筋商品・新刊コーナーの一等地に一段コーナーを設けて集められています。バランス感覚はゼロです。ついでに『日本が戦ってくれて感謝しています』のような、「大東亜戦争肯定論」が並んでいます。

【店長】

基本的には両方並べるようにしています。但し新刊台などでは売れ筋

【雑誌・ムック担当】

を並べるため、そういった商品に偏りがちかもしれません。

【大型店／仕入担当】


文芸の新刊台にまずは反対意見本もあわせて陳列。他にも歴史、コラム本もこの新刊台に置いているので「嫌韓嫌中」あるいはその反対本のみとはなっておらず、その他のノンフィクション新刊の一部といった売り場となっている。新書・ＰＢ関連はバランスがとれず「嫌韓嫌中」一色に。

【人文・文芸担当】


中国バッシングの本は国際棚の「中国」に、韓国バッシングの本は国際棚の「アジア」に、反対意見の本（たとえば『「在日特権」の虚構』など）は「社会問題」の棚にあります。新刊台で両者が並んでおかれることはあります。

【政治経済・就職担当】

【質問3】そうした本はよく売れていますか。よく売れる場合、その理由はなんだと思われますか。

危惧を覚えるほど売れています。（正直なところ、もっと前面に、臆面なく展開すれば倍以上売れるのでしょうが）日本はとにかく素晴らしくて、世界から過去・現在において褒められる。犯罪が増えたり経済がうまくゆかなくなったり、今までの日本と違ってしまったり、沢山イチャモンをつけられるのは、他国が悪い、日本の中に入り込んでいる在日外国人が悪いんだ、という図式はとても簡略で甘美であるとすら思えます。人のせいにできるのですから。一番楽な思考停止状態になれるＢＯＸを求めた結果なのかと思っています。【社会科学書担当】

相対評価に意味は見いだせない。売れているかいないか、はそれだけで答えられる問題ではない、と書店員としては厳しいことを申し上げざるを得ない。条件を最低限一つは付加せねばならないことは明白であり、かかる質問の仕方自体に書店員として極めて強い脱力感を覚える、と率直に指摘したい。例1「社会問題のジャンルの中で」、例2「新刊の初速として」、例3「ロングセラーとして」など、とあればまだ答えようがあろう。例1であれば「社会問題ジャンルの中では売れている」、例2であれば「初速はよいが一定期間を過ぎると失速する（これは次々に類似本が出版されることとも関連しよう。ここにもまた、「震災本」とのシンクロがあるように思えてならぬ）」、例3であれば「ロングセラーが生まれるような感触はない。その都度の消費であると感ぜられる」、と答えよう。

【店長】

残念ながら非常によく売れています。現時点としては、コーナーでまとめられているので、一種の仕掛け販売になってしまっているからだと思います。但し、それだけでは答えにならない。理由がわからない面も多いです。

【雑誌・ムック担当】

「圧倒的に売れている」というよりも「一定数売れる本が定期的に出版され続けている」というのが、それらの書籍が目立ってみえる要因であると思います。遠因としては、戦後国民的プライドの拠りどころとしていた経済成長が低下したことにより国家としての自信を失っていることが挙げられますが、詳しい検証をしたことはありません（データに偏りがあるので、ネット書店にも聞いた方がいいと思います）。

【政治経済・就職担当】

わかりやすいストーリーを組み立てて、刺激的に書かれているのではないでしょうか。そのわかり易さに読者は安心するのではないでしょうか。

【法律・政治・経済・経営担当】

よく売れています。まず現政府の考え方としてメディアで取り上げられやすい部分があるのではないでしょうか。他の方向も含めて熟考するための本が出てきて、そちらがヒットしていくと少しずつ変化していくと思います。急速な変容はなかなか起こり得ず、そして急速な変容は急速であるがゆえに脆くなってしまいがちだと考えます。

【大型店／仕入担当】

［質問4］
それらの本を購入する客層について何か特徴や傾向があると感じますか
（年齢層・性別など）。

五〇代以上の男性が一貫して主たる購買層だが、最近は若年層や年配女性に広がっているという見方が共通。三〇～四〇代は少ないという指摘も複数。

従前は、週刊誌世代（五〇代以上の男性）でした。今も購入の中心層ですが、この動きが出始めてからは、中高年の女性が手にされる（普段はあまり書店にいらっしゃらないか、この手の棚に馴染みのない方々がほとんど、大抵が広告記事を片手かピンポイントに書名で問い合わせの目的買い）機会を多く見かけ、今までと違うと感じ始めました。若年層は棚で確認して大半は買うことなく情報として満足されるか、ネット書店で購入しているのではないか。三〇～四〇代は当店では立ち読みのみか、購入においては、より冷静になれる方を買われる印象です。【社会科学書担当】

曾野綾子読者層とほぼ一致≒六〇歳台後半以降と感ぜられるが、それは自店の客層とも一致するのであって、特に「それらの本」と重なるかどうかは不明。「それらの本」もこれだけ数が増えた以上、男性向け女性向け、若年層向け年配層向けに細分化しつつあるように思われる。【店長】

圧倒的に五〇歳前後の「日本の中核」を担っているような男性サラリーマンが多い。若者にもそれなりに売れている。【雑誌・ムック担当】

三〇～四〇代の方は少ないような。一〇～二〇代の若い方か、五〇～六〇代の年配の方。もちろん男性（年配の方は女性も何人か）。

【人文書担当】

［質問5］
それらの本の陳列について、お客さまから何か意見や要望（賛否問わず）を受けたことがありますか。差し支えなければその内容もお書きください。

「特になし」が半数。

リベラルな本の上に保守系の本を被せて隠すという嫌がらせが三～四回あった。大掛かりなものは直すのに数十分を要した。あからさまに鼻を鳴らしたりブツブツ言われることも。

【社会科学書担当】

不在のときに『呆韓論』をさして○○《チェーン名》がこんな本を置くんじゃないとお叱りを受けたことがあったらしい。信頼してくださるお客様がいらっしゃることに頭を垂れる思いでした。

もっと置いてくれという声もあったし、もっとバランスよく置けという声もあった。【社会科学書担当】【人文・文芸担当】

ツイッターでクレームが来て、上司がコーナーを撤去。【人文書担当】

［質問6］
この間話題になった「愛国フェア」や「嫌韓嫌中ブーム」について、書店員として、または個人として思うところがあればお書きください。

個人的には、絶対に売りたくないです。今の私は雑誌・ムック担当なので、例えば「宝島ムック」の新刊が四〜五冊配本あれば、仕方がなく棚に並べます。即返品する権限がないので。但し、補充発注は決してしません。【雑誌・ムック担当】

（売り場担当だった四年前は）今ほどそういう内容の書籍が多く出版されて

おらず、フェア展開されるようなこともあまり見かけられない当時は「大型店は多岐にわたる思想や趣向性の内容の書籍を並列に扱うもので、利用者全員を納得させることはできない。(客から批判があっても)仕方のないこと」と考えていましたが、「嫌韓嫌中」が極端に多く並ぶ現在の書店の棚を見ていると危機感を拭いきれません。棚を占めるタイトルの割合は「嫌韓嫌中」を煽る内容に偏っており、ふらっと書店に立ち寄った利用客に既成事実であるかのような印象を刷り込むのには十分に過ぎるでしょう。近隣諸国への敵意や嫌悪感を肯定するエクスキューズを与えてしまえば、それは外交問題だけに留まらず、今現在日本で暮らす在日外国人への差別感情をも肯定する免罪符を与えてしまうでしょう。

【芸術・雑誌・コミック担当】

それぞれの状況のお店がありますが、確実に売れるドル箱のタイトルは、切らさずにきちんと売らなければなりませんし、小売として当然のことです。また、書店はメディアだと信じてやっています。世相をあらわしますし、同時に書店の表現の場でもあります。資本の大きな書店のたわごとと言われればそれまでですが、であれば尚の事、坪数の小さなお店で並べられない分を並べていこうと、意地と手前勝手な責任感で、大きな流れや声に消されかねない小さな声を並べ続けたいと思います。

【社会科学書担当】

「愛国」という言葉を他の民族を排除し貶める意味で使用しているみたいで恐怖を感じます。

【法律・政治・経済・経営担当】

政治家の言葉が軽くなったといわれて久しいですが、現在でも何ら変わりはなく、より進んでいるような気が致します。短絡的に発せられた言葉は、時に恥ずかしいものもあり、まるでフィクションの世界のような気がする時があります。リベラル保守という立場で、中島岳志さんは著書『「リベラル保守」宣言』で、単に反発するでもなく、即決するでもなく、熟考と議論する重要さを説いています。また同書で紹介される福田恆存は『保守とは何か』の中でこう述べています。「他者を否定しなければならぬ自己といふやうなものをぼくははじめから信じてゐない。ぼくたちの苦しまねばならぬのは自己を自己そのものとして存在せしめることでなければならぬ」。自分への戒めとしても考えてゆかなければならないことだと思います。

【大型店／仕入担当】

歴史の顔はさまざまなので、一冊の本、一人のことばだけで判断をしないことを望みます。全体像をつかむことがいかにむずかしいか、それを承知のうえで学び続けることがだいじだと思います。

【小規模店／仕入担当】

もともとそういう需要はあったし、民主党政権、嫌米のころに抑えられた声が、外交問題、経済停滞と相まってカウンターのように出てきたように感じる。どちらに偏っても陰謀論的なところがあり、話としては面白い。数々の問題の着地点として、今の「嫌韓嫌中」があるのではないかと思われる（問題解決していないが）。【人文・文芸担当】

客観的に見れば対外的に良いことは何ひとつなく、どうしてこういう行動をとるのかわからない。【人文担当】

「出版人として忸怩たる思いはないのか」と本屋に向けて説教している編集者の方のブログがありましたが、片腹痛い戯言であると思います。それらの本を置くことに書店員が良心の呵責を感じていようといまいと実際に置いている以上、なんら免責されるものでないのは明白でしょう。むしろ「ほんとは置きたくないんだけど、しょうがないんだ」とか「あんな本を買っている人の親の顔が見てみたい」などと同業者に対して必死に言い訳している書店員こそ、小売業の風上にもおけない輩であると思います。第一、実際に自分の棚から購入されているお客様に失礼です。

【政治経済・就職担当】

［質問7］「嫌韓嫌中」本や「愛国」本が現在のように多く生み出される要因は、究極的にはどこにあると思いますか（現実の社会情勢、出版社や書店の姿勢、読者のニーズ……etc.）。

私の見立てでは、竹田恒泰『日本はなぜ世界でいちばん人気があるのか』（二〇一〇年一二月）のロングセラーが伏線として重要だと感じています。つまり、「日本肯定論」の自己愛が普及するに伴って、堂々と「嫌中憎韓」を表明することができるようになったと考えています。その点、一見無関係な『住んでみたドイツ　8勝2敗で日本の勝ち』（二〇一三年八月）のヒットも同じ素地にあるのではないでしょうか。

【雑誌・ムック担当】

経済の停滞などが続き、不安定な状況が続いたときに、他者への批判

ころからは、

「丁寧な本づくり」を目指して、

2013年に創業しました。

社会の多様性を楽しめる本を

刊行していきます。

ころから株式会社

〒115-0045　東京都北区赤羽1-19-7-603

TEL 03-5939-7950　FAX 03-5939-7951

ホームページ http://korocolor.com

暮らしの多様性を楽しむ

本屋大賞PR誌の好評連載を単行本化

離島の本屋　22の島で「本屋」の灯りをともす人たち

朴順梨 ― 1600円＋税/ISBN 978-4-907239-03-9　2刷

Jリーグチェアマンも愛読

サポーターをめぐる冒険　Jリーグを初観戦した結果、思わぬことになった

中村慎太郎 ― 1300円＋税/978-4-907239-07-7

でこぼこで、ジグザグな人生がある

作ること＝生きること　クラフトワーカーのもの語り

仲藤里美 ― 1600円＋税/978-4-907239-06-0

裸足のフラメンコダンサーのすべて

写真集 YASKOと長嶺ヤス子

YASKO70周年プロジェクト・編 ― 2000円＋税/978-4-907239-08-4

アイデアをカタチに、カタチをビジネスに

長いは短い、短いは長い　なにわの事務長「発明奮闘記」

宋君哲 ― 1500円＋税/978-4-907239-11-4

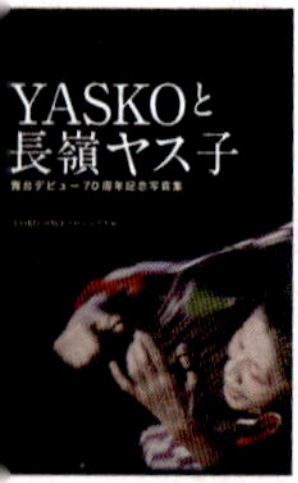

に転ずるという、負の動きが出ているのではないでしょうか。そして議論、熟考していく余裕がなくなってきているのかもしれません。自己に対して誇りを持つことと、他者を批判することは別です。本当に誇りがある人は他者へも広くやさしいまなざしを向けられるのではないでしょうか。

【大型店／仕入担当】

失われた二〇年の停滞。與那覇潤さんも指摘していましたが、バブル世代以降に生まれた人たちは特に日本の景気がよかった頃を知らないので、煽動されやすいというのもあるのかも。

【人文書担当】

そうした本を出す版元の営業さんは、「今のこの雰囲気のうちに売れるだけ売っちゃわないと」とおっしゃいます。週刊誌の見出しはより烈しさを増します。そのほうが売れるからでしょう。およそ畑違いの版元からも、ネットから出てきた著者を囲って吐き気を催すような新刊が出ます。究極的には、相手を馬鹿にしたい、あざ笑いたい、誰かを攻撃したい、その欲望をたきつけるような風が吹いてしまっている。共助の道を模索するよりずっと楽だから、なんとなくスッキリするから、自分たちだけが素晴らしいような気持ちになれるから、それだけなのじゃないでしょうか。何も考えていない結果のように思えます。

【社会科学書担当】

「生み出される」要因は「市場」がそこに見出されるからだろう、という一言に尽きる。しかし、市場は常に飽きられ、食い尽くされる。今なお広がる市場であるのかどうかは何とも言えぬ。しかし、いかなる本も商品である以上、他のすべての商品と同じ原因で生み出されるものだろう。本だけが資本主義の枠を超えられるわけでは断じてない。『資本論』の世界はすべてに当てはまる。

【店長】

差別意識があると思います。軽んじている相手が経済力・軍事力をつけて国際舞台で存在感を出していることが許せない人もいるのではないでしょうか。それに伴い反日と思われる行動や表現に過剰に反応するようになってきた気がします。

【法律・政治・経済・経営担当】

今の日本人が昔に比べて特別差別感情を強く持つようになったという訳ではなく、表立って口にしないだけでそのような差別感情は昔からあったのだと思います。もし、変わったことがあるとすれば、その差別感情を巧妙に「正当化」する手段や方法論がインターネットを通じて確立され、負い目を感じることなく「差別を声に出していいんだ」という空気が醸成されてしまったことでしょう。勿論要因を一つに絞ることは出来ませんが、その「要因らしきもの」一つ一つを逆に「声に出して」批判していくことでしかこの状況を変えることは出来ないと思います。

【芸術・雑誌・コミック担当】

ネット等で簡単に言葉を発することができ、それを簡単に本にしている。そして、それに責任をとらない。

【人文・文芸担当】

不安を煽り、「国」という幻の権力に頼る以外に道はない、と洗脳されてＷＷⅡに突き進んだ愚かな歴史を振り返る必要があります。紛争、戦争になってもっとも得をするのは誰か、答えはそこにあるとおもいます。そこに思い至らないような表面的な教育に汚染されたヒトがあまりに多い、戦後の「自民党の民主主義教育」の成果ではないでしょうか。常に日教組などをやり玉に挙げるという作戦を貫き、その裏でものをかんがえない子どもの大量生産に成功しているのですから。

【小規模店／仕入担当】

「売れるリベラル本を定期的に出版し続ける」が当の問題についての

個人的な回答です。著者にネームバリューのある人を起用する、大量に刷って配本する、報奨金を付ける、広告を出す、返品はすべて了承する。書店の棚の容量は決まっているので、上記の五つを行うだけでバッシング本が現在以上に目立つことは減少するでしょう。書店員への倫理的なバッシングを強めることは下策です。

【政治経済・就職担当】

※編者注　最後のコメントは「当会への要望・疑問・意見」への回答でしたが、内容から判断して質問7の回答として記載しました。

出版関係者からの賛同コメント

町の書店が常に文化の発信拠点として、ふさわしいものであることを切に願います。

◉……イラストレーター

ヘイトで金儲けなんて、近代国家で許されません。

◉……ライター

小さな志も集まれば大きな志に結晶するでしょう。書き手のひとりとして賛同いたします。

◉……ライター

内容によって仕事を断ることはけっこう難しい。しかし越えてはならない一線はあると思います。差別や排外主義こそ憎まれるべきものだと思います。そういったものに加担し、それを生活の糧にしたくはありません。

◉……デザイナー

言論・出版の自由は、「差別」をなくすために行使しなければ、自分の首を絞めることにつながります。

◉……出版社

意思表示をしないのはヘイトスピーチを認めたことと同じ。ヘイトスピーチと排外主義に加担しない出版関係者の会を立ちあげたみなさんの行動力に感謝します。

◉……出版社

本は人生の師であり、未来へのかけがえのない翼であると思います。その本に、他者を憎み、排除する歪んだ考えを編むことなど許されないと思います。もし、そのような流れを黙認したり、放任すれば、それは、次の世代の平和な未来を閉ざし、対立と敵対と戦争の惨禍をもたらすことになると思います。

◉……作家

第3章

出版業界の製造者責任

公共的空間といえる書店に「ヘイト本」があふれる異常さ、それを売らざるをえない書店員の葛藤。1章と2章に収録した報告を踏まえ、シンポジウムに参加した出版関係者たちによる熱のこもった意見交換がなされた。

司会●ここからはディスカッションに移りたいと思います。その前に第1章で基調講演いただいた加藤直樹さんから、書店アンケートの結果についてご感想があればお願いします。

加藤●今日のシンポジウムのためにアンケートをとると事前に聞いて、とりとめのない結果になるだろう、どのくらい意味があるのかと実は思っていました。ところが、結果を見ると店頭のリアリティが伝わって興味深かったです。第1章で紹介したソウルの教保文庫もそうですが、実際はどうなのかと知ることが、出版社や書店、読者にとっても大事なことだと思います。

回答に「ふらっと書店に立ち寄った利用客に既成事実であるかのような印象を刷り込むのには十分に過ぎるでしょう。近隣諸国への敵意や嫌悪感を肯定するエクスキューズを与えてしまえば、それは外交問題だけに留まらず、今現在日本で暮らす在日外国人への差別感情をも肯定する免罪符を与えてしまう」とありましたが、こういう恐れの感覚を、出版にかかわる個々人が共有するところから出発するしかないと思います。その先にどのような行動をしていくかは、さまざまな議論があると思いますが。

司会●今日のために急遽とったアンケートなので回答数が少ない上、対象もピンポイントで依頼したものなので、統計的な意味はありません。しかし、それぞれの書店員さんは売り場で毎日、本と人の動きを見ていますから、その実感は一定信頼に足ると思っています。書店員さんがこうしたことを公の場で語るのは難しいですから、こうした形で間接的にであれ世の中にフィードバックしていくことには意味があると思います。あわせて、本日参加されている書店員の方の感想もうかがえたらと思います。

発言者●都内の大型書店の書店員です。アンケートの項目を見て、「これは書店員としての覚悟が試されるアンケートだ」と思いました。回答も、それにふさわしいシリアスなもので、書店員もまだ捨てたものではないと勇気づけられました。

私の店でも過去に愛国本のフェアをやってツイッター上で批判を受けたりもしました。先ほど例として紹介された嫌韓嫌中本、愛国本はどれも表紙が思い浮かぶので、苦々しい思いです。ただ、こういった本が売れていると言われますが、必ずしもそうではない。主だった論者の本は、一定数は売れてもそこで止まって、それ以上は伸びません。購入する層は限られているのではないかと思います。

そして、どちらかというとやはり中高年の読者が多いです。右寄りのブログをまとめた本の売り込みもありますが、それほど売れません。

こういう本が流行る原因を自分なりに分析すると、日本人の多くが自信をなくして、誰かを叩きたい感情が溜まっているということ。そして、加藤さんが著作について新聞インタビューで語っていたように、中国や韓国を記号化してバッシング対象にしているということがあるでしょう。私も含め、自国民を武力で制圧した天安門事件のようなことを知っていれば中国政府の姿勢をすべて肯定する人は少ない。しかしそれと中国人一般をひと括りにして記号化しバッシングするのは違います。

わかりやすく、とっつきやすいものしか人々が受けいれない状況になっている。それに対して、出版がどう向き合っていくのか。アンケートの回答のなかに、「(ヘイト本を置きたくないなどと言うのは)小売業の風上にも置けない」との意見もありましたが、確かに書店員として、ヘイト本をすべて排除しろとは言えない。しかし、先ほどの韓国の書店の棚の写真を見て非常に恥ずかしくなりました。どうやってこの現状を変えていくかを、みなさんと一緒に考えたいと思います。

保阪正康と半藤一利の対談本『そして、メディアは日本を戦争に導いた』(東洋経済新報社)の最後で保阪さんは、売れるよう努力することは大切だが、他方で「ビジネスになればそれでいいのか、時代がどうなってもかまわないのか、おかしな方向へ社会が向かっているのではないか。売れるかどうかとは別に、常にこうしたことも念頭に置いて仕事をしなければいけない」と語っています。私もそれを共有していきたいと思います。

司会●私たちもアンケートの真摯な回答に胸を打たれたのですが、感動しているだけではダメで、書店員さんの矜持に期待するだけではなく、そこに商品を供給するわれわれ出版社は何をすべきかと問う必要があると思います。

私たちの会の名前の「加担しない」というスタンスが消極的ではないか、「反対する」ではないのかと言われることがよくあります。もちろん、反対できる立場の人は反対するべきだと思いますが、他方で出版産業のなかでビジネスとして嫌韓嫌中本を生み出す構造がある以上、それに組み込まれてしまっている人は軽々しく「反対」と言えない。でも、そうした人のなかにも違和感を覚えている人はいるはずです。そういう方々とも、水面下でもいいので、一緒に考えていきたい。それが「加担しない」に込めた意図でした。そうした風潮をつくり出す根源を考えることが、業界内にいる者の責任だと思います。

発言者●すでに引退しましたが、ある出版社で週刊誌の編集長や新書、単行本などを担当してきました。いまヘイト本が山積みされている状況は、書店だけの問題ではなく、製造者である出版社の責任が非常に大きいと思います。

私が週刊誌の編集長をしていた一九九五年、阪神・淡路大震災が起こり、オウム事件があった。オウム事件が、それ以降の日本のマスメディアを大きくゆがめたと思っています。当時、オウム絡みの記事にはオウム側からいっさい反論がなかったので、何を書いても許された。つまり「書き得」の状況が生まれたわけです。

それまで、私なりに週刊誌にもジャーナリズムとして最低限の抑制が存在すると思っていました。しかし、オウムに関しては何を書いても許される風潮のなかで、記事の裏をとるという最低限のタガが外れてしまった。

当時、出社すると毎日、机に何通かの手紙が載っている。オウムに関する根も葉もない虚言を書いた怪文書でした。ひどい内容だったので私はほとんど捨てていましたが、同じ内容が翌週には他社の週刊誌で記事になっていたりしました。つまり、裏を取っていない。

オウムを社会の敵とみなし、異物を排除する感覚でバッシングする、いまの嫌韓嫌中本にも通じる心理だと思いますが、これが日本のマスメディア、特に週刊誌の質を落とすきっかけになったと思います。最近の週刊誌にも、すさまじい見出し文句が毎週並び、韓国や中国側の反論をあえて無視して、裏取りのない記事を書き連ねている。ヘイト本もこの流れのなかにあります。マスメディアが記事の作り方の基本に立ち返り、ジャーナリズムとしての体制をもう一度作りなおさないと、この現象はなくならないのではないか。

いま韓国や中国、在日外国人に向かっている異物排除の矛先が、いつわれわれに向かってこないとも限りません。いまの政権の姿勢を見れば、共産主義者、社会主義者に始まって最終的には自由主義者まで弾圧された、かつてのどこかの国の歴史を学んでいるのかと疑問に思います。マスメディアが立ち止まって、きちんとした記事づくりに立ち返ることをわれわれが応援しなければ、この国の未来は厳しいと思います。

発言者●歴史と考古学を主に扱う出版社に勤めています。現在の事象を歴史から見ようとする加藤さんのお話に非常に触発されました。ただ、関東大震災と現在を比較するとき、共通点と同時に違う点にも注意する必要がある。その一例をひとつ指摘したいと思います。

先ほど紹介された「夕刊フジ」の見出しのなかには経済ネタが多数ありますが、これは「夕刊フジ」の記事傾向からするとやや異質な感じがします。たとえば二〇一四年三月には「中国経済大炎上寸前　韓国を直撃」とか「韓国経済3度目破綻秒読み」といった派手な見出しが続きますが、この時期に中国や韓国の経済に大きな混乱があったとは聞きませんよね。

九〇年前の日本は朝鮮半島を植民地支配し、一九三一年には満州事変を起こす。つまり両国よりも強い地位にいたわけですが、いまの日本はそうではない。中国にはGDP第二位の地位を奪われ、韓国にもスマホやITなど先端技術で先を行かれています。そういう時代にこうした見出しが受けるということは、昔のような弱い者いじめの感覚ではなくて、複雑なルサンチマンがあるのではないか。つまり後発の国に経済大国の地位を奪われた妬みや、本当は羨ましいのにそれを表に出せないといった陰性のエネルギーが渦巻いているような気がします。それが安倍首相の言う「日本を、取り戻す」にシンクロしているのではないか。嫌韓嫌中を、単なる弱い者いじめやマイノリティ排除と見るべきではないと思います。

発言者●主に文芸翻訳の仕事をしています。自分なりにこの問題を考えていて、先ほど取り上げられた「夕刊フジ」の見出しも電車に乗るたびにチェックしていました。不思議なのは、「夕刊フジ」と同じフジサンケイグループのなかに、韓流ドラマの週刊紙「韓Ｆｕｎ」を出している部署があることで、グループ傘下の出版社で仕事をしたときに、編集者に「嫌韓も御社の姿勢なんですか」と聞いてみたところ「どうなんですかね。別の部署が何をしているのか、社内にいてもわからないんです」という返事でした。

先ほどのご発言にあった、根底にあるのは妬みや羨み、憂さ晴らしだという説明には納得が行きます。仕事を終えて「夕刊フジ」を読むことでストレスを解消しているのでしょう。ですが、あのような嫌韓の見出しが毎朝毎夕、人々の目に触れるのはとても危険なことです。どうやって状況を変えていくかが、大きな課題になると思います。それだけに、ここに集まったみなさんから、その手掛かりが得られることを期待しています。

つきあいのある出版社の社員で、自社の本の韓国語版が頻繁に出るのでそのたびにソウルの書店に行く人がいますが、多くの書店で宮部みゆきや横山秀夫、桜庭一樹の小説の韓国語訳がベストセラーリストに並んでいるそうです。日本に戻って、書店に嫌韓本が積んであるのを見るたび、こういった本の著者たちはいったい韓国のどこを見ているのかと思う、と言っていました。先ほどの韓国の書店の写真を見て、いまの日本の出版界が外から見ると非常に恥ずかしいものになっていると痛感しました。

発言者●翻訳や編集を行うプロダクションの経営者です。韓国語を話せるので、韓流エンターテイメントの仕事をよくやっています。先ほど言及された「韓Ｆｕｎ」はＫ‐ＰＯＰブームが始まった二〇〇九年、サンケイスポーツが創刊した週刊のタブロイド紙ですが、残念ながらこの二月に休刊になってしまいました。芸能関係の観点で言うと、東日本大震災後の自粛ムードで韓国のアーティストが派手な宣伝を打てなくなり、尖閣などの領土問題で中国や韓国への反感が強まって嫌韓嫌中本が増えてくるなかで、反比例するように韓流タレント本を扱う売り場が減っていったと思います。

つきあいのある業者に聞くと、韓国ドラマのＤＶＤの通販コールセンターに四〇代や五〇代の奥さんが電話をかけていると、後ろで夫が「そんなもの買うな。すぐ電話を切れ」と怒鳴って電話口で喧嘩になることがあるそうです(笑)。韓流好きな人が、大手を振ってそう言えない状況が出てきているのではないか。エンタメ関係者の間でも、何とかしなくてはならないと先週セミナーを開いたばかりです。

世の中には「食わず嫌い」もありますが、エンタメの世界では、人種や国籍に関係なくいいものはいいというのが原則です。韓国が嫌いな編集者や読者に、K‐POPアイドルのライブを見せるイベントをやったらどうでしょう。案外ファンになるかもしれない。

発言者●新聞社の北京支局で記者をしています。いま一時帰国で日本の書店を見て回っているが、買いたいと思う本が少ない。中国の現状をきちんと書いている本が減っている気がします。中国から日本に来る若者は日本が好きで、日本に関心があってやって来る。日本にいい感情を持ってやって来た人が、こうした本を目にすることになるのはとても残念です。

中国の知識人と話すことがありますが、「(日本で売られている本のタイトルのように)中国がもし崩壊したら、日本にとって利益になるのですか?」と尋ねられる。中国の政府はたしかに人権活動家に圧力をかけたりしていますし、賛同できないところもありますが、中国が崩壊したら日本経済だって大打撃をこうむります。いま中国では、多くの若者がアメリカに留学したがっています。そのなかで、あえて日本を選ぶ若者もいるわけですから、そういう人たちを大事にすることが第一歩だと思います。

発言者●フリーランスのライターです。同じライターとして加藤直樹さんの著作に触発されました。業界では長らく「出版不況」と言っていますが、実はこの一〇年、「娯楽・レジャー・文化」に関する消費支出は大きく伸びています。そのなかでなぜ出版物に使うお金が減っているのか。やはりそれは、われわれが作っている本の質と関係していると言わざるをえない。僕が心配なのは、嫌韓嫌中本が氾濫していること以上に、それに対抗しうるようないい本を、出版業界が十分には出せていないということです。対抗するものをどうつくり広げるのかを考えるのが、出版人の製造者責任の核になるのではないか。

お世話になっているある雑誌の編集長も、たしかにこの種の特集をすると売れる、いわゆる「鉄板」企画だと言っていました。雑誌の売り上げが苦戦し、返品率が上がるなかで、経営的にこういうものを全否定できるかというのは答えがわかりません。自分はそういう記事は書きませんが、そうした雑誌に記事を書いて生活の一部を支えている人間として、アンケートの書店員さんたちの言葉は耳が痛いです。

その編集長は「(出版社のなかでも)やりたくてやっている人は少ない。売れるから仕事としてこなしているだけ」だと言っていました。「ああいうのを買うのはだいたい不幸な人。人生がうまく行かないから、それらを読んで憂さ晴らしをしている。一瞬はせいせいするけれど何の解決にもならないからまた買う。おかげで売り上げが立っている」のだとも。

ヘイト本を禁止するよりも、それ以上にもっといい本が売れるような環境をつくっていきたい。そのために力を尽くさずに書店を責めるのは筋違いだというのはもっともな指摘です。人間性を否定するような本や気分が悪くなるような本ではなく、国籍や民族が何であれ、人間の素晴らしさ、人生の奥深さにふれられるような本をつくり出していかないと、まともな人が本から離れてしまう。いまの問題は、嫌韓嫌中本が出ていること自体より、そればかりが目立ってしまうような出版界の惨状であり、その一端を担っているのが私（たち）だと思います。表現の自由とヘイトへの対抗を対立的に捉えるのではなく、表現の自由を守るためにこそ、その中身を考えなければ、と思っています。

司会●「良書で対抗」という意見について一言。以前にこの問題についてツイッター上で議論があったとき、ある編集者が「七〇〇円の新書に対して三二〇〇円のハードカバーで反論するようなことが、果たして対抗言論として機能してきたのか」といった趣旨のことを言っていました。しかも、そういう硬めの本は初版部数も少なく、地方の書店にはほとんど配本されない。中小の版元がいくらがんばっても売り場で対抗できるのは大都市の限られた大書店だけというのが現実です。大部数で全国に配本し、広告も大々的に打ち、売り上げに応じて書店にキャッシュバックされる報奨金なども付けて売るための戦略を持ったヘイト本に、どこまで対抗できているのか。良書をつくる努力は自分もしたいが、資本の規模という絶対的な制約も考えざるをえないと思います。

発言者●フリーランス編集者の野間易通といいます。河出書房新社から『「在日特権」の虚構』という本を出しました。今日出た意見のなかで、嫌韓嫌中本を一過性のブームや憂さ晴らしだとする意見が気になりました。そうではなく、これは書き手・読み手の双方によって、一五年くらいかけて築き上げられたカルチャーだと思っています。(九〇年代の)「新しい歴史教科書をつくる会」のころから、いろいろな媒体を駆使して地道に築き上げられ、それがいま最盛期に達している。それが何かといえば、反戦平和主義やリベラリズムへの異議、アンチテーゼであって、彼らとしてはそれだけ時間をかけて新しい思想を広めてきたという自負もあるでしょう。リベラルの側が、「あんな本を買うのは不幸な人」だとか「右翼なんて無知なだけですよ」といった上から目線で三二〇〇円の「良書」をつくっている間に、安価な新書や『W・iLL』のような雑誌、無料のネットなどを通じて、じっくりとなしとげられたひとつの文化衝突の結果です。書店を責めるのは筋違いという意見には同感で、『ジャパニズム』や『W・iLL』がずっと前からコンスタントに刊行されてきたのに対し、リベラルの側のコンテンツはまったく不足している。

こうしたものをひとつの政治的な大きな動きとして捉えるべきで、それに対抗するには単にリベラルの本を増やせばいいという話ではない。出しても売れないからこうなっているわけで、別の切り口を探る必要がある。嫌韓嫌中本の書き手と購入層のどちらも、われわれバブル世代が中心。はじめから経済状況の悪い時代に生まれた世代が主流になってくるとまた状況が変わるかもしれませんが、上の世代の責任として、いま以上にひどいことにならないよう、積極的にあらゆる形でカウンターをしていく必要があると思っています。

発言者●弁護士の神原元といいます。昨年二月に大久保でのカウンターに参加して、「殺せ」と叫ぶデモを目の前で見て衝撃を受けたことから、ヘイトスピーチ問題にかかわるようになりました。その後カウンターの効果もあってか、大久保でのデモは沈静化したように見えます。しかし、あの街でのヘイトデモを潰したことで、毒虫を握り潰したように、かえってその毒が社会の各所に散らばってしまったようにも見えます。その最大の場が出版なのかもしれません。新聞広告に『どの面下げての韓国人』(祥伝社)などという書名が堂々と出ている。これが書名たりうることに驚きます。

法律家も、出版関係者も、この問題では必ず「表現の自由」との関係が出てきて、その壁にぶつかると先に進めないことが往々にしてありますが、私は必ずしもそこが対立するとは思っていません(本書一〇九頁参照)。

ヘイト本のベースにあるのは流言飛語です。もっともひどい例では、大久保のカウンターには金が渡されているとか、参加者はほとんど在日だとか、まったく根拠のない嘘を書いています。意見の違いならともかく、まったく事実に反することを書いているものに対しては、やはり法的な責任が問われるべきではないかと思います。デマに満ちた本に対して、いい本をつくって競うというのは不可能で、表現の自由とも別問題です。そうしたことも念頭に、出版社としての製造者責任を議論していただきたい。法律家のなかにもヘイトスピーチに関心をもっている人はそれほど多くありませんが、いろいろな分野の人が横に連帯してやっていくしかありません。

発言者●教科書も扱う出版社で営業をしています。先ほどの野間さんの意見に同感で、この現象は一〇年、一五年かけて、とりわけ学校教育の場を主戦場に展開されてきたことの延長上にあると思います。そうした主張は、専門書を読むような人たちには広がらなかったわけですが、インターネットや「チャンネル桜」などの登場でぐっと拡大し、さらに現在は安価な新書などが席巻している。それに対抗して「事実はこうだ」という主張を同じく廉価な本で出しても、あまり有効ではないと思います。

ではどうするかですが、やはりこれまで、アカデミックな立場から専門家がきちんと反論してこなかったことが大きいのではないか。たとえば『逆説の日本史』（小学館）シリーズが広く読まれたあたりから歴史修正主義が一般読者にも浸透していったにもかかわらず、アカデミックな場からの明確な反論はなかった。そうした積み重ねの上に現在のヘイト意識が醸成されていると思います。さらに現在は歴史認識への攻撃を超えて、実在の在日外国人に矛先を向け、現実に人権侵害を生じている点が大きな問題です。

それに対して、多様なメディアで反撃していく必要があります。特に注意が必要なこととして、半官製ヘイトメディアのようなものも登場している。ヘイト本を多数出しているある出版社ではデジタルコンテンツも扱っているし、原発容認論の映画を輸入して配給するセクションもあり、さらに安倍総理と百田尚樹の対談本も出している。こうしてどんどんあからさまな動きになり、それが電波メディアをも飲み込みつつあると思います。加藤さんも言われたように、歴史に学ぶこと、歴史認識を鍛え直すことも必要ですし、そこから教育を含めた未来を展望する必要があるだろうと思います。

司会●活発な議論ありがとうございました。表現の自由の問題は私たちも丁寧に考えなくてはいけないと思いますが、他方でそこに居直って現状を放置していては、出版というメディアへの信頼もいずれ失われてしまうだろうと思います。たとえば、いまは2ちゃんねるやブログに書かれたデマをもとに紙の本にして、それを買う人がいるかもしれない。でも、それを続けているうちに、紙の本でもネットの言説でも価値が同じだということになったら、ネットで読めるものになぜわざわざ金を払うのかと読者は考えるでしょう。出版産業がこれからどう成り立っていくのかという観点からも、この問題は放置できないと思っています。最後に加藤さんから一言お願いします。

加藤●本づくりの当事者や本を売る現場からのさまざまな意見が聴けて、とても考えさせられました。自分も出版社で編集者をしていた時期もあるので、書店に責任を押し付けるべきではないという意見に同意する一方、出版社の社員も自分が好きな本ばかり作っているわけではないことは分かります。

会社やセクションごとの傾向はありますし、売れるものを出さなくてはならないという制約は一貫してある。そう考えると、この現象にどう立ち向かうかの答えは簡単に出ないと思います。

一過性の問題ではなく長年かけてつくられてきた状況だとの指摘にも同感です。最初は教科書や歴史教育への介入から始まって、いまは大坂冬の陣のように、外堀を埋められたところまで来ていると思います。先日安倍総理が強行した集団的自衛権行使容認の閣議決定は、普通に考えても理屈がめちゃくちゃです。それでも通ってしまうのは、論理的に考えることや議論すること、その前提となる歴史の事実といったものが全部崩されてきた結果だと思います。

ヘイト本には流言飛語に近いものもあるという指摘にも同感です。工藤美代子が『関東大震災「朝鮮人虐殺」の真実』（産経新聞出版。二〇一四年に夫である加藤康男の著書として、『関東大震災「朝鮮人虐殺」はなかった！』と改題しワックから復刊）という本で、虐殺の原因とされた「朝鮮人テロリストの暴動」が実在したと書いています。震災直後は新聞も混乱していたので、「朝鮮人三千人が腕を組んで行進している」などというデマに基づいた記事がたくさん出ていたのですが、それらの記事を証拠だとし、政府がそれを隠蔽したのだと言っている。人々の目の前で無実の朝鮮人や中国人が殺されたことは無数の目撃証言があります。それなのに彼女は、震災発生から一週間の新聞に載った記事だけが事実であって、後にそれを否定した公式記録や証言を全部無視している。たとえて言うと、松本サリン事件直後の新聞報道だけを根拠に、「やはり会社員が犯人だった。なのに政府は真実を隠している！」と騒いでいるようなものです。

さらに恐ろしいのは、この本が産経新聞出版から出ていることです。横浜市の学校の副教材「わかるヨコハマ」に関東大震災時の朝鮮人虐殺の記述があることを「自虐的だ」と産経新聞が問題視したとき、「識者」としてコメントを寄せたのが工藤美代子でした。

日本が過去に戦争をしたとか、関東大震災のときに朝鮮人虐殺があったというのは誰にも否定できない歴史的事実であって、それが共有されていなければ民主主義など成立しようがない。極端に言えば、広島と長崎に落ちたのは原爆ではなくて実はゴジラが上陸したのだ、なんてことを世の中の半分の人が信じるような状況になったら、民主主義は崩壊します。こうした妄想の広がりによって、われわれの社会の民主主義が崩されているということに、右傾化という言葉では括りきれない恐ろしさを感じます。

司会●ありがとうございました。たいへん有意義なディスカッションだったと思います。私たちが会を立ち上げるにあたっては、同じ危機感を共有する人が業界のなかにも多数いて、誰かが声をあげれば賛同が広がるだろうと確信していましたが、今日はそのことを確認できました。引き続き、私たちの活動を応援していただければ幸いです。

（司会＝ヘイトスピーチと排外主義に加担しない出版関係者の会事務局　岩下結）

出版関係者からの賛同コメント

緑あって韓国に留学して韓国の多くの方々の親切と魅力に触れ、そして今はその恩返しの気持ちも込めながら韓国語の翻訳の仕事をしている日本人として、昨今の出版の状況は悲しい限りです。

◉……翻訳家

李明博前大統領による竹島上陸や尖閣問題が紛糾した一昨年、村上春樹氏が「朝日新聞」の一面トップに寄稿したエッセイで、領土問題を「安酒の酔いに似ている」と表現していたのを思い出します。いわゆる「ヘイト出版」は、まさに安酒に酔った読者のニーズを満たすべく、刊行されているのではないでしょうか。いい加減、酔いは覚まさないといけないのではないでしょうか? それは出版人の自助努力にかかっているといえます。

◉……ライター

言葉は人の味方だ。言葉が人を傷付けているこの現状を言葉を扱う仕事をしている僕は決して許さない。

◉……ライター

真の右翼は差別を許さない。

◉……作家

ヘイトスピーチや排外主義に加担しないだけでなく、それらを打ち破る言論・文化をなんとしても創っていきたいですね。

◉……出版社

賛同します。歴史の改ざんに荷担し、差別を煽動する政治家、物書き、メディアに猛省を促したいと思います。

◉……新聞記者

眉をひそめていただけでした。意志表示の機会をいただき感謝いたします。

◉……出版社

ヘイトスピーチに強く反対します。表現の自由以前の問題です。表現の自由は、マイノリティが自由に発言できる権利です。ヘイトスピーチをする人は弱いものイジメであり、人権侵害である事を自覚してください。もっと勉強してください。国際人にはなれません。世界で恥ずかしい行為です。海外では逮捕されますよ。

◉……ライター

「この本は私が作ったのだ」と、「わたしが編集したのだ」と、家族にも友達にも、恩師にも後輩にも、恥じることなく見せられる。少なくともそうでありたい。自分の働く会社はそうであってほしい。心から願います。

◉……出版社

差別は「しなければいい」という問題ではありません。それは「自分はしないけど、あることを認めている」ことになります。ヘイトスピーチも同じです。自分がしなければ良い、ではなく、「許してはいけない」と思います。

◉……芸人／エッセイ作家

言論の自由は制限したくないが、差別意識を流布するのも間違っていると思う。マスではないが、メディアとしての危機意識（世の中の常識を少なからず操作する力があること）を持って世 に広める本を取り扱いたい。

◉……書店

第4章

ヘイトスピーチと法規制

「ヘイト本」を語る際に逃れられないのが表現（出版）の自由との兼ね合いだ。しかし、二一世紀における「表現の自由」とは何か、法規制するとはどのような選択をすることか？　弁護士と社会学者があえて問う。「自由の名のもと思考停止してはいないか？」と。

神原 元（かんばら はじめ）

一九六七年神奈川県生まれ。二〇〇〇年弁護士登録（横浜弁護士会）。自由法曹団常任幹事。近刊に『ヘイト・スピーチに抗する人びと』（新日本出版社、一四年一二月刊行予定）。

明戸隆浩（あけど たかひろ）

一九七六年愛知県生まれ。東京大学大学院人文社会系研究科博士課程単位取得退学。専攻は社会学、多文化社会論。著書に『ナショナリズムとトランスナショナリズム』（共著、法政大学出版局）、訳書に『ヘイトスピーチ』（共訳、エリック・ブライシュ著、明石書店）などがある。

表現の自由と出版関係者の責任

神原 元（弁護士）

1 ―― はじめに

平素から「反韓反中本」の山に辟易してきた身として、「ヘイトスピーチと排外主義に加担しない出版関係者の会」主催のシンポジウムは実に興味深く、感慨深いものであった。私は、会場で「表現の自由という言葉の前に思考停止してはならない。事実に反することを並べたてた出版物について、出版関係者は責任を負うべきだ」と発言した。本稿は、その論旨を敷衍《ふえん》するものである。前提として、「表現の自由」とは何であり、何から何を擁護するものであったのかから、解き明かすことから始めたい。

2 古典的な「表現の自由」論の展開

表現の自由と聞いて、ヴォルテールが言ったとされる次の名言を思い出す人は多いだろう。「私は君の意見に反対だが、私は、君がそれを言う権利を、命をかけて守る」。

実は、この言葉はヴォルテールのものではないとの説が強いようだが、ここではその点には拘泥しない。大切なのは、ヴォルテールの生きた一六世紀のヨーロッパでは、暴虐な王権政府の権力行使に対し言論や出版の自由を守ることこそ、啓蒙思想家らにとって命をかけても達成すべき事柄だったということだ。

王権政府を倒す市民革命が終わった一九世紀、イギリスの哲学者ジョン・スチュワート・ミルは、『自由論』（一八五九年）で「仮に一人を除く全人類が同一の意見を持ち、唯一人が反対の意見を抱いていると仮定しても、人類がその一人を沈黙させることの不当であろうことは、仮にその一人が全人類を沈黙させる権力を持っていて、それをあえてすることが不当であるのと異ならない」と述べた。ミルは、その根拠として、第一に、或る意見に沈黙を強いるとしても、その意見は、万が一にも真理であるかもしれないこと、第二に、沈黙を強いられた意見が誤謬《ごびゅう》だとしても、それは真理の一部を包含しているかも知れないこと、第三に、活発な真摯な抗議を提出することを許されなければ、人々はその根拠を知ることができないことをあげた。ミルのこの見解は自由主義国の思想家・法律家に大きな影響を与え、リベラリズムの眼目の一つとなっている。

この見解を法理論に置き換えたのが、アメリカのホームズ裁判官だった。「真理の最上のテストは、市場の競争においてみずからを容認させる思想の力である」とする彼の理論は「思想の自由市場」理論として、広く普及した。「思想の自由市場」理論から、間違った主張や言論に対しても法的規制は許されず、言論で対抗すること、すなわち、「言論には言論で」という対抗言論の法理が導かれる。

「表現の自由」「対抗言論の法理」を根拠に、「反韓ブーム」を作った出版関係者の責任を消去しようとする人がいるとすれば、まさに、このような「古典的自由論」の段階で思考が止まっているからであろう。

3 表現の自由の現代的展開と出版関係者の責任

しかし、このような思想の自由市場理論に代表される古典的自由論は、二〇世紀に入ると欠陥が露わになった。その原因は新聞やラジオなどの新規メディアの急速な発展であった。メディアが発達し、言論市場をコントロールし、世論までコントロールするようになると、古典的自由論は現実との乖離が激しくなった。

「ステレオタイプ」という言葉を作ったとされるアメリカのジャーナリストであるウォルター・リップマンは、その著作『世論』（一九二二年）のなかで、公的問題についての民衆の意見とされる「世論」とは集団の名の下に活動する個人が頭の中に描くイメージに過ぎず、これを構成する情報はメディアとりわけ新聞だと論じた。リップマンの認識の背景には、第一次大戦後に急速に発達したマス・メディアの影があった。リップマンはメディアが世論を操作し誤った方向に誘導することをおそれた。そして、実際、第二次大戦では各国ともメディアによるプロパガンダによって戦争を激しく煽った。とりわけドイツではゲッベルスが国民啓蒙・宣伝省大臣となって国家的なプロパガンダを行い、「嘘もくり返せば人々は信じる」という彼の言葉通りの状況が生まれていった。

メディアによるプロパガンダの歴史ではもちろん日本も例外ではない。関東大震災において朝鮮人虐殺（ジェノサイド）が生じたのは「不逞鮮人が暴動を起こした」等とする新聞の誤報の影響が大きかった。そして、満州事変が開始されると新聞もラジオも競って日本側の戦果を報道し、好戦気分を煽った。対米英開戦という無謀な戦争に突入していくのは、メディアによるプロパガンダの影響と無縁ではない。

日本憲法学の巨人、故・芦部信喜東大教授は、その著作でこう述べている。

> 二〇世紀になると、社会的に大きな影響力を持つマス・メディアが発達し、それらのメディアから大量の情報が一方的に流され、情報の「送り手」であるマス・メディアと情報の「受け手」である一般国民との分離が顕著になった。（中略）そこで、表現の自由を一般国民の側から再構成し、表現の受け手の自由（聞く自由、読む自由、視《み》る自由）を保障するためそれを「知る権利」と捉えることが必要になってきた。（『憲法　第三版』一六三頁）

このように、巨大マス・メディアに握られた現在の言論状況においては、「表現の自由」は情報の受け手の側から「知る権利」と再構成することが必要になる。この、国民の「知る権利」に対応して、メディアは、国民に正しい情報を提供する「責任」があることになる。芦部信喜は自ら徴兵され防空壕を掘った世代の学者である。芦部が国民の「知る権利」を語るとき、そこには、国民に情報を隠して戦争へ突き進んだ軍部とこれを煽り立てたメディアへの批判があったに違いない。そこで、「知る権利」とは、単に国民の人権であるというにとどまらず、国民が正しい情報を得てのみ戦争の惨禍を避けることができるという意味で、人類が歴史の教訓から得た、民主主義と平和の防波堤だと理解するべきである。

かくして、王権からの自由を唱えたヴォルテールの時代、大衆からの少数意見の擁護を唱えたミルの時代、思想の自由市場を唱えたホームズの時代を経て、「表現の自由」は、現代社会では、むしろこれを「国民が正しい情報を得る権利」と構成するべきである。そうすると、放送、出版、ラジオその他メディアに携わる者は、国民の知る権利に対応して、国民に正しい情報を伝える責任を負う。それは、単に国民の好奇心を満たすということではなく、誤った情報によって異なる国民同士が憎しみあったり、自国の国力を過大評価して国際情勢を読み誤ったり、それらが原因で戦争やジェノサイドが発生するのを予防するという、極めて重大な責任であり、職責なのである。

4 現代における「知る権利」の危機と出版関係者の責任

しかるに、現在、国民が真実を「知る権利」は重大な危機に晒されている。主たる原因は一九九五年頃から始まった、インターネットの普及であった。

インターネットの普及は、芦部信喜が描いた、「情報の受け手と送り手の分離」という状況を一変させた。端的にいえば、情報の受け手と送り手が再度同一化し、一般市民が簡単に情報の送り手となり得る一方、膨大な情報の受け手ともなるようになったのである。これまで一部のメディアが握っていた情報発信のツールは市民に開放された。膨大な市民が情報の送り手となり、正しい情報も、間違った情報も、全く選別されることなく発信され、さらに受信され、これがさらに「コピー・アンド・ペースト」によって拡散されることになる。

ネットに流通している情報は、その多くが発信元も分からないものであるという意味で、「情報」というよりは、「噂話」であり、都市伝説であり、フォークロアだといえる。しかるに、人々の活字離れが進み、アクセスが容易なインターネットに頼るようになると、人々の認識は、活字で得た「情報」より、インターネットで得た「噂話」に支配されるようになる。極端な人々は、「ネットで真実を知った」と考えはじめ、「メディアは真実を伝えていない」と憤り始める。この種の妄想のターゲットにされたのは、隣国韓国であった。

反韓ブームの先駆けは、二〇〇五年に出版された『マンガ嫌韓流』(山野車輪)であった。作者によれば二〇〇二年頃にはマンガを描き終えていたが当時はこれを出版しようとする会社がなかったというから、出版業界は未だ健全だったのだろう。だから、このマンガの作者は、当初これをインターネットで公開していた。今このマンガを読むと、「韓国への戦後補償は十分である」「朝鮮半島の植民地支配は正当であった」「在日は日本で『在日特権』を享受している」「韓国人は日本から文化を窃取した」などなど、今の反韓論の論点が出そろっていることに驚く。

二〇〇三年には後に在特会会長となる桜井誠がホームページを開設する。「嫌韓」論や「在日特権」論は、「2ちゃんねる」その他のネット掲示板で醸成され、やがて「在日特権を許さない市民の会」を生み出す。「〇〇人をぶっ殺せ」と叫ぶ彼らは、「在日特権」を活字メディアを通じて学んだことはない。まさに、「嘘もくり返せば」のゲッベルスの格言どおり、ネット上で日々くり返される虚偽情報に駆り立てられ、他民族への憎悪に取り憑かれて行動しているのである。今の状況は、新聞やラジオが虚偽情報を国民に広げて戦争を煽ったかつての日本の状況に酷似している。

戦前の状況と現代の違いは、戦争を煽る主体が「新聞」「ラジオ」から「インターネット」に変わっている点である。しかるに、第二次大戦当時、ラジオは、今のインターネットと同じく「新しいメディア」であり、新聞は「ラジオに負けじとばかり」競って号外を流し、戦争を煽ったことも忘れてはならない。当時の「新聞」と「ラジオ」の関係は、新出の後者が前者を圧迫しつつあったという意味で、今の「出版物」と「インターネット」と同じ関係にある。

では、現在の出版業界は、どのような行動をとっているか。ここで、やっとシンポジウムで明らかにされたこととつながっていく。今の出版業界は、インターネット上で興隆した「反韓反中ブーム」の後を追いかけ、「反韓反中本」「排外主義本」ブームを巻き起こしている。これは、戦前の新聞が「ラジオに負けじとばかり」競って戦争を煽った図式に酷似している。これはまさに、出版関係者が、国民に正しい情報を提供するという職責を放棄した結果だというほかない。

5 ― 今、出版関係者が考えるべきこと ―

私の批判に対して、多くの出版関係者が次のように答えるだろう。リベラル派の本は売れない、まずリベラル派は売れる本を出すべきだ、それが「言論には言論で」の意味ではないか、云々。

しかし、第一に、この発想は、前述した「出版関係者は国民に正しい情報を伝える責任を負う」ということの意味を全く理解していない。この責任の前提となる「国民の知る権利」は「思想の自由市場」が現代社会では機能していないことを前提にしている。そもそも、「売れる本が正しい本だ」等というのは市場原理をそのまま思想の世界に持ち込んだ仮説に過ぎない。二〇世紀の現実から我々が学んだのは、「嘘もくり返せば人々は信じる」という、冷厳な事実なのである。

第二に、私が主張するのは、「反韓反中本」の記載内容がどれほどまでに事実に即しているかの点であって、本の「思想」を問題にしているのではない。「思想」は左右いろいろあってよいが、自己の思想を支えるために、「虚偽の事実」を本に書くなと言っているのだ。

その極端な例が私の手元にある。『日本のために　井上太郎@Kaminoishi』(井上太郎)と題されたこの排外主義本は、在日特権などの虚偽にまみれた事実を記載しているほか、「在日帰化人の左翼過激派が民主党本部の事務員の身分で内閣府に入り込んでいた」「しばき隊と中核派のつながり」「大久保は左翼連中の潜伏村」「入管法改正に反対の中核派と連携するのはコリアNGOセンター」「共同行動するのが在日左翼暴力集団の、在日コリアン青年同盟センターアリラン」「野間も木野も平野も伊藤も……出入り」云々と、一行一行、一字一句、虚偽に満ちている。

こういうデマ本がインターネット通販だけなく、書店で堂々と売られている。事実の書き換えは記憶の書き換えにつながる。「そのうち、日本に原爆が落ちたという事実も塗り替えられてしまうのではないか。そのとき、民主的な討論というものは成りたつのだろうか?」という加藤直樹さんの危惧を私も共有する。

だから、私は、改めて「ヘイトスピーチと排外主義に加担しない出版関係者の会」に期待を表明する。出版関係者は、国民に正しい情報を提供する職責を再確認して欲しい。国民が正しい情報を手に入れることこそが、戦争の惨禍を避ける唯一の道であり、民主主義と平和の防波堤なのだから。

人種差別禁止法とヘイトスピーチ規制の関係を考える
――「ゼロからの出発」のために

明戸 隆浩（社会学者）

1 ――「ゼロからの出発」――

「ヘイトスピーチ」という言葉が日本で急速に流通するようになったのは、二〇一三年三月以降のことだ。もちろん「在特会」に象徴される新しい排外主義の動きは以前からたびたび問題とされており、この言葉はそれらに新しい「名」を与えたにすぎない。とはいえこの「ヘイトスピーチ」という言葉がなければ、今そうであるような形で反ヘイトスピーチの動きが注目を集めることはなかったかもしれないし、現在筆者が寄稿している「この本」の出版もなかったかもしれない。そうした意味では、この文章もまた、二〇一三年以降に現れた「ヘイトスピーチ」という文脈の中で成立している。

しかし、この「ヘイトスピーチ」という言葉が日本社会にある程度定着しつつある現在においては、この言葉の普及をただ喜んでいればいいという段階はすでに過ぎている。新しい言葉は多くの人に新しい景色を見せるが、その一方で、それが見えにくくするものも無視できない。前者だけを強調しすぎると、「新しい言葉が導入されたことでむしろ事態が悪くなった」という反発を招くことすらあるだろう。したがってこうした場合には、新しい言葉がもつ社会的な「力」を活かしながら、できる限り「見えにくくなるもの」を明示化する作業、というのが必要になる。

こうした問題意識をふまえてここで考えてみたいのは、(人種)差別とヘイトスピーチの関係である。ヘイトスピーチがたんなる「憎悪」ではなく、特定の集団に対する「差別」であるがゆえに問題だということは、この間少しずつ広まってきたように思う(とはいえ、マスコミなどでは現時点でもなお「憎悪表現」など「憎悪」にフォーカスした訳語が当てられることが多いが)。しかしその一方で、「在特会」などの言動がある意味説明不要なほど「差別的」であることもあり、人種差別とヘイトスピーチの関係についてきちんと考える機会というのは、必ずしも多くあったわけではない。

そしてこのことは、この文章でおもに扱うことになる法制度についても当てはまる。一方に「人種差別禁止法」があり、もう一方に「ヘイトスピーチ規制」がある。この両者はきわめて密接に結びついているが、諸外国における位置づけが多様であることもあり、その関係を一言で言い表すのは意外と難しい。その一方で日本には、「人種差別禁止法」も「ヘイトスピーチ規制」もいずれも設けられておらず、したがってこの社会でヘイトスピーチに対応できる法制度を考えることは、文字どおり「ゼロからの出発」となる。そうしたときに、この「人種差別禁止法」と「ヘイトスピーチ規制」の入り組んだ関係をきちんと詰めて考えておくことは、今後に向けておそらく非常に重要なステップとなるはずだ。

とはいえ先ほど書いたように、「人種差別禁止法」と「ヘイトスピーチ規制」の関係は、簡単には説明しがたい状況にある。そのためここでは、これら二つの法規範が成立した一九六〇年代という「原点」にいったん立ち戻り、そこにおけるこれら二つの法規範の関係を整理した上で、その後の展開を跡付けるという手法をとりたい。

2 ――人種差別禁止法――

今の日本でヘイトスピーチにかかわる海外の法制度の変遷を描写する際には、当然ながら「ヘイトスピーチ規制」から始めるのが一般的であろう。しかし、ここではあえて「人種差別禁止法」のほうから話を始めたい。

ここで背景となる時代は、すでに述べたように一九六〇年代である。この時代には現在につながる人種差別禁止規範が立て続けに成立した時期だが、その中でももっとも早く、かつもっともよく知られているのは、一九六四年六月にアメリカで成立した公民権法だろう（固有名が有名すぎてむしろわかりにくいが、この法律は一般的にいえば「人種差別禁止法」のひとつである）。この法律で禁止された人種差別は、大きく分けて二つある。まず、公共施設での人種差別の禁止。ここでいう「公共施設」にはバスや食堂などが含まれるが、これらはそれぞれがまさに公民権運動の一コマ一コマを想起させるものとなっている。またもう一つは、雇用における人種差別の禁止。人種などを理由とした雇用差別がはじめて明確に禁じられたのも、この法律によってであった。

その上で一つ補足を挟みたいのだが、とくに日本において「人種差別禁止」をこのようにアメリカの文脈から語り始めることは、一つ大きな問題をはらんでいる。それは、「昔々、ある国で『黒人』に対して行われた酷い差別の話」として、「日本に関係ない」話として理解されやすいということだ。しかし実際には、ここで言われている「人種」というのは、「白人と黒人の違い」のような「肌の色」の問題に限った話ではない（実際一九六四年公民権法でも、「人種、肌の色、宗教、出身国に基づく差別」という書き方がなされている）。また内容的にも、日本でも「外国人」であるという理由でアパートの入居を拒否されたり、店への立ち入りを拒否されたりする事例が後を絶たない。こうした点をふまえると、公民権法で禁止されたような差別というのは、現在の日本で考えても決して他人事ではない。

さて、海外の事例に戻ろう。翌六五年一二月には、国連総会で人種（的）差別撤廃条約（ＩＣＥＲＤ）が採択されている。日本でヘイトスピーチにかかわる議論が行われる際には、この条約は第四条ａｂ項（詳細は後述）との関連で言及されることが多い。その理由は、この条項が加盟国にヘイトスピーチ規制を求めるものであり、かつ、日本が条約加盟の際に「留保」した（つまりこの条項については日本には適用しないとした）部分だからである。しかしここで注意が必要なのは、公民権法がそうであったように、この人種（的）差別撤廃条約もそれ自体は「人種差別」全般を念頭に置いた条約だということだ（なお「人種」が広い含意をもつ点は公民権法と同様なので併せて注意されたい）。実際この条約では、第二条で「あらゆる形態の人種（的）差別を撤廃する政策」をとるよう求めているし、また第五条ではそれを受けて「人種、皮膚の色又は民族的若しくは種族的出身による差別なしに、すべての者が法律の前に平等であるという権利を保障すること」を求めている。つまり人種（的）差別撤廃条約というのは、第四条ａｂ項を留保するとかしないとかいう以前に、「人種差別禁止法」の制定を求めるものなのである。

このように一九六〇年代というのは、人種差別は法的に禁止すべきだという規範が、国際社会において少しずつ確認され始めた時期であった。とはいえ日本が人種（的）差別撤廃条約を批准したのは一九九五年のことなので、日本はこの時代の国際社会の「空気」を共有しておらず、そして二〇一四年時点においてもなお、日本には人種差別禁止法が存在しない。このことを確認した上で、次に「ヘイトスピーチ規制」にかかわる議論へと進もう。

3 ――ヘイトスピーチ規制――

「ヘイトスピーチ規制」のみを念頭に置いて制度の変遷を見た場合、その端緒となるのはドイツである。ドイツは第二次世界大戦後にナチスを想起させるシンボルなどを禁じているし、またいわゆる「民衆煽動罪」という形でヘイトスピーチに対する刑事規制を導入したのも、アメリカ公民権法や国連人種（的）差別撤廃条約の成立に先立つ一九六〇年のことだ。しかし同時に重要なことは、ドイツにおけるこれらの条項があくまでも「社会の混乱防止」という観点からなされたものであり、直接

「人種差別の禁止」と結びつけられたものではないということである。同じヘイトスピーチ規制であっても、国によって「人種差別の禁止」という観点からなされる場合と「社会の混乱防止」という観点からなされる場合があること、これはヘイトスピーチ規制を考える上での重要なポイントの一つである。

その上で、国連人種（的）差別撤廃条約の議論に戻ろう。先ほど後述すると書いた、第四条ａｂ項についてである。このうちとくにａ項は、加盟国に「人種的優越又は憎悪に基づく思想のあらゆる流布」「人種差別の煽動」「暴力行為又はその行為の煽動」などの規制、一般的に言えばヘイトスピーチ規制の導入を求めるものである（なおｂ項ではこれらを行う団体に対する規制を求めている）。ただしすでに書いたように、この条項はあくまでも「人種差別」全般にかかわる条約の中に盛り込まれたものだ。言い換えればここでは、あくまでも人種差別禁止の一環として、人種差別などの「煽動」の禁止が求められている。これは同じヘイトスピーチ規制であっても、ドイツのアプローチとはかなり異なる考え方である。

そしてこうした発想は、人種（的）差別撤廃条約と同じ年（一九六五年）の一一月に成立したイギリスの人種関係法にも反映されている。六五年人種関係法では、「皮膚の色、人種、エスニックな出自ないし出身国を理由として、イギリス市民の一部に対して憎悪を引き起こすような脅迫的・中傷的・侮辱的発言を意図的に行うこと」が違法とされた。これがヘイトスピーチ規制に当たる部分になるわけだが、しかし人種関係法という法律そのものは、アメリカの公民権法同様あくまでも「人種差別全体」を射程に収めた法律である。言い換えればここでも、先に人種差別禁止という規範があり、その一つの条項としてヘイトスピーチ規制を設ける、という形で法律が構成されている。

つまり六〇年代半ばまでに、人種差別とヘイトスピーチをめぐって、大まかに次の三つの考え方が成立したことになる。

①人種差別を禁じた上でその一環としてヘイトスピーチを規制する「国連型」（あるいは「イギリス型」）

②人種差別禁止とは別に「社会の混乱防止」という観点からヘイトスピーチを禁じる「ドイツ型」

③人種差別は禁じるがそこにヘイトスピーチは含めない「アメリカ型」

ただしこれはあくまでも六〇年代時点での「類型化」であり、その後各国の状況が複雑な形で展開していることには注意が必要だろう。とくにイギリスだが、イギリスでは一九八六年以降ヘイトスピーチにかかわる条項を「公共秩序法」に移行させており、法律の名称からもわかるようにこれはむしろ②への変更ということになる（ただし人種差別禁止法としての人種関係法はその後も維持されており、二〇一〇年以降はジェンダーや障害に基づく差別の禁止を含む「平等法」に移管・統合されている)。またドイツは、ヘイトスピーチ規制自体は六〇年代と同じアプローチを維持しているが、その一方で二〇〇六年に「一般平等待遇法」を成立させ、そこに人種差別禁止に関わる条項も盛り込んでいる(つまり現在ドイツとイギリスはどちらも「差別禁止法+社会の混乱防止としてのヘイトスピーチ規制」という形になっている)。アメリカも基本的なスタンスこそ変えていないが、八〇年代後半以降差別的動機に基づく犯罪を「ヘイトクライム」として通常よりも罪を重くする法律を発展させてきており、これは③を維持しつつもその後の状況の変化をふまえて限定的に①の側面を取り入れていったものとして位置づけることができる。

4 三つの選択肢

さてその上で、現在の日本である。冒頭でも書いたように、日本にはここで描いてきたような法制度は何もなく、その分あらゆる可能性に開かれている。とはいえ現実的には、とりうる選択肢は先述の三類型①人種差別を禁じた上でその一環としてヘイトスピーチを規制する、②人種差別禁止とは別に「社会の混乱防止」という観点からヘイトスピーチを禁じる、③人種差別は禁じるがそこにヘイトスピーチは含めない、がベースとなるであろう。

このうち、国際的に見て「王道」であるのが①であることはおそらく否定しがたい。具体的な手順として言えば、ヘイトスピーチ規制を盛り込んだ人種差別禁止法をつくり、第四条ａｂの留保も撤回する。とはいえ同時に、「次善の策」を考えておく必要もあるだろう。このとき、それは②であるのか、それとも③なのか。

先に②についてだが、結果としてヘイトスピーチが規制されるのならそれでいいじゃないか、という見方もあるかもしれない。しかし同じヘイトスピーチ規制であっても、「人種差別はよくない」という観点から規制する①と、「社会を混乱させるのはよくない」という観点から規制する②とでは、その背後にある規範意識に大きな違いがある。そしてそうした規範意識は、当然規制の「範囲」にも影響する。たとえば同じ「煽動」であっても、①で規制されるのはあくまでも「人種差別の煽動」であるのに対し、②では一般的な煽動すべてが対象となりうる。この違いは、法制度の「副作用」(とくに恣意的な運用などの可能性)を考える際には、とりわけ重要な論点となるだろう。

では③はどうか。これについては、問題がヘイトスピーチである以上それを含めない法律をつくって何の意味があるのか、という反応がありうるだろう。確かにもっともな話である。が、ここで確認したいのは、たとえば人種(的)差別撤廃条約においてヘイトスピーチが「人種差別などの煽動」として位置づけられていることだ。煽動、というとイメージしにくいかもしれないが、要は「人種差別を支持したり正当化したりすること」、もっと具体的には「あいつらを日本から追い出せ」「あいつらを○○の制度から外せ」などと主張することである。冒頭でも触れたように、現在の問題の象徴である「在特会」らの言動が説明不要なほど「差別的」であることもあって、「そもそも何が差別であるか」ということを考える機会はこの間必ずしも多くはなかった。しかし本当は、「人種差別の煽動」としてのヘイトスピーチを規制する上では、その前提として「何が人種差別であるか」ということについての社会的な認識の蓄積が不可欠となる。こうした観点からすると、ヘイトスピーチに対処するためにまずその前提として（ヘイトスピーチ規制を含まないアメリカ型の）人種差別禁止法の制定を目指すというのは、十分に意味のある議論である。

以上、「人種差別禁止法」と「ヘイトスピーチ規制」の関係という観点から、これまでの国際社会の実例に即して日本のとりうる選択肢を考えてきた。「ヘイトスピーチ」という言葉の普及から一年半を経たこの社会は、すでに法制化の是非ではなく、どのような法的制度を設けていくべきなのかを具体的に考える段階に入っている。この文章が、こうした段階において実践的な議論を組み立てる上で、少しでも手かがりとなれば幸いだ。

出版関係者からの賛同コメント

校閲という自分の仕事で、何をどこまで食い止められるかはわかりませんが、事実に反することを指摘することはできます。むしろ、それだけができると言ってもいいわけですが。

◉……校正者

本は、私たちの考えていること、感じていることを、深め、広げ、やわらかく解きほぐすものだと思います。
人の心を傷つけ、差別を正当化する出版には、書き手としても、作り手としても、私は関わりません。

◉……ライター

ヘイト・スピーチは人間の尊厳を冒し、社会を破壊します。「表現の自由だからヘイト・スピーチを処罰できない」というのは誤りです。「表現の自由を守るためにヘイト・スピーチを処罰するべきです」。

◉……研究者

もちろんヘイト本をつくる版元の責任が一番大きいですが、書店の側も、文化の継承という点で棚の持つ意味、若い世代への影響を考えてほしいと思います。

◉……出版社

他民族を傷つけるものは自国民をも傷つけます。だれもが共存できる社会の実現を望みます。

◉……作家

あとがきにかえて

発端

「書店の棚がひどいことになっている。ごく普通の書店の棚が〝ヘイト本〟で埋まっている」「でも、書店ばかりが責められるのも違うんじゃないか。自分たち出版社の側がそういう本を作って、書店に送り込んでいるのだから」。出版社で働く友人どうしの会話がきっかけになった。朝日新聞に「売れるから『嫌中憎韓』書店に専用棚／週刊誌、何度も扱う」（二〇一四年二月一一日付）という記事が掲載された数日後のことだった。

もちろん、昨日今日にそうなったわけではない。もうだいぶ以前から、書店に行っては暗い気分で帰ることが増えていた。歴史の棚、国際情勢の棚、社会問題の棚……どこを見ても「反日」だの「捏造」

だの、一方的な言葉で他国をあしざまに言い、日本は悪くない、日本は世界に愛されているといった自己慰撫を語る本があふれている。毎朝の通勤で目に入る週刊誌の中吊り広告は、まるで明日にも戦争が始まるかのような攻撃口調だ。

そういう風潮を、じめっとした空気のように感じながら、無意識に目を背けてきたと思う。しかし、気づけばその空気は社会を覆い尽くしていた。それどころか、自分たちの働く出版業界こそが、その先頭に立っていることがいたたまれなかった。

三月中旬、フェイスブックに「ヘイトスピーチと排外主義に加担しない出版関係者の会」のページを立ち上げた。「会」としてどんな形で、何をするかの見通しもなかったが、意外にも一週間も経たずに「いいね！」(ページ購読者)が五〇〇を超えた(九月末現在、三〇〇〇を突破)。現状に違和感を覚える人がそれだけいるということに勇気づけられ、メンバーを募って第一回のミーティングを行うことにした。

大手から中小まで、さまざまな出版社の編集・営業・校閲、フリーランス編集者や書店員を含む約二〇人が、個人的つながりやフェイスブックなどを通じて集まった。数として大きくはなくても、業界内部の異議の声を示すことに意味があると考え、とにもかくにもスタートを切ることにした。

模索

フェイスブックへの予想外の反響に手応えをつかんだものの、業界内の動きゆえの難しさがあることも当初から議論になった。

ひとつは、大久保などで行われていたヘイトデモのように、明らかに差別とわかる言説とは違って、出版物の場合「ヘイト」かどうかを明確に線引きしにくいことだ。他国の政治、経済、社会の論評や歴史書の体裁をとっていたり、愛国を謳う本であったりする。とりわけ歴史修正主義とは密接につながっているが、それらを含めようとするとヘイト本の定義はさらに困難になる。広く定義するなら、外国人嫌悪（ゼノフォビア）と自民族中心主義（エスノセントリズム）に基づき、その見解を強化する意図で書かれたもの——と言えそうだが、これも非常に漠然とした定義だ。

もうひとつは、業界人であることと「反対する」という姿勢の折り合いだ。ヘイト本を専門に作っている出版社があるのではなく、大手も含むさまざまな出版社がそうした本を出している。場合によっては自分の会社の別のセクションかもしれない。ヘイト本に反対するということは、そうした同業他社や同僚に敵対することであり、仕事を離れた場での政治的な発言以上の難しさがあった。

しかし一方では、同業者ゆえに、それらを作っている出版社や編集者が、本当にそれが正しいと信じているケースばかりではないことも想像できた。韓国や中国へのバッシング本はいまや「確実に売れる」ジャンルになり、イデオロギーよりも商業的な理由から「やめられなく」なっている。書店としても、それがいい本だと思うからではなく、大量に配本され、売り上げに貢献するから置かざるをえないのだ。だからこそ、単に「反対」ではなく、問題を「解毒」する道が必要に思えた。

展開

こうして手探りしている折に、河出書房新社で「今、この国を考える ――『嫌』でもなく、『呆』でもなく」と題する選書フェアが企画され、すぐさま全国の一〇〇店舗を超える書店から申し込みがあったというニュースは、私たちにとっても大きな励みになった。それとも呼応しつつ、私たちは会社横断的なネットワークである利点を活かそうと考えた。業界関係の賛同者を募ると同時に、シンポジウム「『嫌中憎韓』本とヘイトスピーチ ―― 出版物の『製造者責任』を考える」の準備を進めた。そこでの報告のために、日ごろ表に出る機会の少ない書店員の生の声を伝えようと、アンケート調査にもとりくんだ（本書第2章）。

七月四日のシンポジウムには、予想を超える一二〇人の参加があり、立ち見も出る大盛況だった。関心の高さは、参加者の数だけでなくその多様性にも現れていた。書店員・元週刊誌編集長・新聞記者・弁護士・出版志望の学生など、それぞれの立場からこの問題を考えようとする熱意がひしひしと伝わってきた。

シンポジウム終了後、好評の声を受けて本書をまとめることになり、『九月、東京の路上で』の出版元である「ころから」が名乗りを上げてくれた。私たちにとってホームグラウンドである出版の場で発信できる機会を与えていただいたことに感謝する。

加藤直樹氏には、シンポジウムの基調講演を務めていただき、韓国の書店事情との比較や、歴史的視座から問題を捉えるという重要な視点を提供いただいた。講演内容をほぼそのまま収録することも快諾いただき、深く感謝申し上げる。

当日の議論では、時間的な制約もあり、ヘイトスピーチ法規制の問題、そして表現の自由との関係について十分に深められなかった。その点を補うため、本書では弁護士の神原元氏、社会学者の明戸隆浩氏のお二人に寄稿いただいた。急な依頼にかかわらず快くお引き受けいただいた両氏にもあらためて感謝を表したい。

表現の自由との関係について、両氏の論考をふまえた上で、出版の当事者である私たちの立場から述べられることを記しておきたい。

出版はメディアである

私たちの活動に対して寄せられる典型的な疑問は、「出版社みずからが言論・表現の自由を否定するのか?」というものだ。

言うまでもなく本はメディアだ。SNSなどで個人が発信できる可能性は飛躍的に広がっているが、それでもやはり全国の書店に自社の本を並べることのできる発信力は、個人のそれとは比較にならない。神原弁護士も指摘する通り、メディアが「第四の権力」とも呼ばれる現代において、その権力の行使にあたっては、個人よりもはるかに大きな責任を伴うのが当然だ。

たとえば、個人が差別意識を持つこと自体は止めようがないが、新聞やテレビが差別的な言説をそのまま流すのを「表現の自由」として正当化はできない。この当然のことを、出版には適用しない理由があるだろうか?

ヘイトスピーチは単なる差別表現ではなく「差別や憎悪の煽動」に重きを置く概念だ。その意味で、人々の意識下にある不安や偏見・敵意を活字化して広く流通させ、新たな差別を誘発しかねないヘイト出版物は、街頭のヘイトデモ以上に問題とも言えるかもしれない。新聞やテレビに比べると、出版は大手から零細まで無数の出版社が混在する点が特徴だが、総体として負うべき責任の重さは、新聞やテレビと変わらないはずだ。

本はそれ自体が広告である

もうひとつ、「内容を読んで間違っていれば批判すればよい。書名だけでヘイト本と決めつけるな」という批判もある。しかし、問題は「個々に批判して淘汰していくことが不可能なほど大量のヘイト本が濫造され、それを否応なしに目にせざるを得ない」現状だ。

本のタイトルやカバーは、それ自体が広告としての機能をもつ。車内広告や新聞広告はもちろん、書店や売店の棚に平積み・面陳（表紙が見えるように陳列すること）されることでも、否応なく私たちの目に入ってくる。公共空間において、子どもや外国人、被差別当事者も含む不特定多数の人々の目に触れるものに、最低限のモラルが求められるのは当然ではないだろうか。

ポルノ表現については、少なくともゾーニングや媒体ごとの広告基準等の制約がある。また、部落差別問題にかかわる（とされた）表現に関しては、一種過剰ともいえる「自主規制」をマスコミみずからが行ってきた（森達也『放送禁止歌』を参照）。それらと比較しても、ヘイト表現に対する放置ぶりはあまりにアンバランスだ。

本のタイトルが、単なる著者の自己表現ではないことは出版界の常識だ。それは商品名でありキャッチコピーでもあり、本の売れ行きを左右する要素である。ゆえにタイトルは社内のしかるべき意思決定のもとに決められるし、場合によってはタイトルありきで著者を探すことすらある。だとすれば、その社会的影響について出版社が頬かむりすることは、企業倫理としても許されない。

タイトルだけでも敵意や恐怖を感じるであろう被差別当事者に対して、それらの本すべてに目を通し、個別に反論せよというのはあまりに理不尽だ。当事者に反論の負担を押し付け、それを黙認する社会であってよいのだろうか。

書店は公共空間である

書店という場は、公共的な性格をもつ空間だと私たちは信じる。さまざまな人が来店し、多様な言論や表現が行き交う場だ。出版というものに単なる文化消費財以上の価値があるとすれば、それが公共性を担うからであり、出版・言論の自由が侵されてはならないのもそのためだ。

公共的な空間の条件は、万人に開かれていることだ。ある民族的出自や国籍、アイデンティティを持つ人たちが敵意しか感じられないような棚をつくることは、それに反していないだろうか？　書店という空間をどのようにつくるかは、まずもって書店経営者・書店員の領分だが、そこに商品を供給する出版社もまた、その責の一端を負っている。

もちろん、「われわれの主たる市場は日本語を読む日本人なので、それ以外の人がどう思おうと構わない」という割り切りも、商業的には間違っていない。しかし、それは「日本人」を閉じた言論空間に囲い込み、国際的に孤立させていくだろうし、日本の出版界自体をも世界から取り残されたものにするだろう。その先に明るい未来があるとは思えない。

おわりに

出版関係者としてヘイト本と向き合うことは、さまざまな葛藤をはらみ、私たちにも確固とした解は出せていない。はっきりと「反対する」ことに重きを置く意見も、「売れる良書で対抗する」ことを本道とする意見もある。法規制に関してもメンバー内では議論の途上だ。

しかし、それでも私たちがこの活動を始めずにはいられなかったのは、「このままでは日本社会が後戻りできないところへ行ってしまうのではないか。それに出版が加担することを看過していいのか」という切実な危機感だ。

そもそも「表現の自由」はなぜ尊重されなくてはならないのだろうか？

歴史に立ち戻って考えるなら、日本国憲法の成立時に、そこにいかなる意図があったかを考える必要がある。戦前の日本社会がなぜファシズムに歯止めをかけられなかったのか。そこに公正な言論空間や、権力へのチェック機能を果たす報道の自由が十分になかったからだ。無論ほかにも多くの要因があり、歴史の理解はさまざまありうるが、現行憲法の表現の自由規定が、そうした認識のもとに制定されたことには疑いがない。

だとすれば、その自由を享受する国民、とりわけメディアの担い手には、「何のために」それを行使するのかという自覚が必要ではないだろうか。憲法一二条には「この憲法が国民に保障する自由及び権利は、国民の不断の努力によつて、これを保持しなければならない。又、国民は、これを濫用してはならないのであつて、常に公共の福祉のためにこれを利用する責任を負ふ。」とある。「表現の自由」という先人の遺産にあぐらをかいて粗悪なヘイト本を量産することは、「公共の福祉」に資するだろうか。それが出版社の「製造者責任」の原点であるはずだ。
この夏、国連自由権規約委員会に続き、人種差別撤廃委員会からも、排外的デモや「慰安婦」被害者への侮辱に対する厳しい対処を日本政府に求める勧告が出された。社会全体としては、ヘイトスピーチに対して何らかの規制が必要とする認識が広まりつつある。しかし、たとえ一定の法規制が実現したとしても、それで差別やヘイト本がなくなるわけではない。法による規制と野放しの自由との「あいだ」を埋める市民社会の理性を信じ、私たちは業界内で声を上げつづけていきたい。

二〇一四年九月
ヘイトスピーチと排外主義に加担しない出版関係者の会

ヘイトスピーチと
排外主義に加担しない
出版関係者の会

「嫌韓嫌中」に代表される、他国や他民族、マイノリティへの憎悪・偏見を煽る書籍の氾濫を危惧する出版関係者有志により二〇一四年三月に結成。

メンバーは規模の大小を問わず、さまざまな出版社の編集・営業・校閲、フリーランスの編集者やライター、書店員など約二〇名。排外主義を助長する出版社・出版業界の責任を業界内部から考えることをめざし、賛同者の募集、シンポジウムの開催、Facebookほか各種メディアによる発信に取り組む。

Facebookページ
http://www.facebook.com/antifapublishing

NOヘイト!
出版の製造者責任を考える

2014年11月 1日 初版発行
2015年 1月11日 2刷発行
定価900円+税

編者
ヘイトスピーチと
排外主義に加担しない
出版関係者の会

著者
加藤直樹
神原 元
明戸隆浩

パブリッシャー
木瀬貴吉

装丁
安藤 順

発行 ころから
〒115-0045
東京都北区赤羽1-19-7-603
TEL 03-5939-7950
FAX 03-5939-7951
MAIL office@korocolor.com
HP http://korocolor.com/

ISBN 978-4-907239-10-7 C0036